夢は武道を
仕事にする！

道場「経営」入門

総合空手道武禅館 館長
小池一也

BAB JAPAN

はじめに

全国一斉休校、緊急事態宣言、外出自粛、休業要請、第二波、第三波…。新型コロナウイルスの感染拡大は私達の日常に困難をもたらしました。

昨年、私は家族で地元の花火大会を訪れた際、打ち上げギリギリまで開場のラーメン屋で食事をしていました。「お父さ〜ん、花火始まるよ〜！」と、店の扉から花火を見上げる娘。「早くおいで〜」とせかす娘に、私は「どうせ毎年同じなんだから」と返答して食事を続ける私。今になって思えば、それは間違いだと悔やみました。私は今まで人の集まりというものが好きではありませんでした。しかし、当たり前と思っていたこともなくなってしまった今年は、人と人との集まり、人の努力の集合というものは有り難いことで、本当は当たり前のことなんて一つもなかったんだということに気付かされました。

今年、卒園を控えた娘の幼稚園行事の多くが中止となってしまいましたが、先生達の知恵と努力で代案を出して下さり、別の形で思い出作りをしてくれたことなど、感謝することだらけでした。多くの人が無念の涙をこぼしたのはもちろんでしたが、より強く〝人〟を感じられたようにも思います。

私達、武道、格闘技の世界はどうでしょうか。今多くの道場、先生達が新型コロナの影響に悩まされているとBABジャパンの原田さんに聞きました。また、そうした事態にあるからこそ、私の原稿が必要だとも聞きました。正直、私は稽古、指導やバックオフィス作業、多店舗経営に伴う移動時間に追われているので、睡眠を削って書かなければならず、正直、私のように障害を患う人間には心身共に厳しいものがありました。しかし、私はそもそも〝人の役に立ちたい〟と思って、道場経営を本職として行っているわけです。著書を通して、自分という存在が武道業界、果ては多くの人々の役に立てるかと思うと嬉しくもありましたし、書き終えたことへの誇らしさもありました。今まで14年の起業家人生、道場経営者としての10年の人生。そこで培った知識を〝入門書〟として詰め込んだつもりです。

私は大学などで経営を学んだわけではありません。武道においてもチャンピオンなどの輝かしい実績があるわけではありません。常に経営をしながら実戦を通して、試行錯誤して一つずつ積み上げてきた生きたノウハウです。私が個人事業主の立場では成功できたのも、子供の頃の家庭環境にあります。私は現代で言うところの貧困家庭に生まれました。夜中にファストフードの廃棄食品を漁って飢えをしのぎ、図書館のウォータークーラーで乾きを癒やした日々が、私に生き残るための知恵と嗅覚を育んできました。そして、前進するための覚悟を養ってもらったことを忘れません。私は執筆時点で37歳。30歳を越え、道場経営が軌道に乗るまで貧困と戦ってきました。今ではトカイナカのタワマンの上層階で暮らしています。私にとって、道場経営とは私自身であり、私の全身全霊です。有名な敏腕プロモーター道場長でもない、巨大団体の館長でもない、私だからこそ、ごくありふれた普通の人達がコロナ禍、コロナ禍以降を生き残るのに必要な知識を提供できるのです。

２０２０年12月

日本武術教育振興会　総合空手道武禅館　館長　小池一也

目次

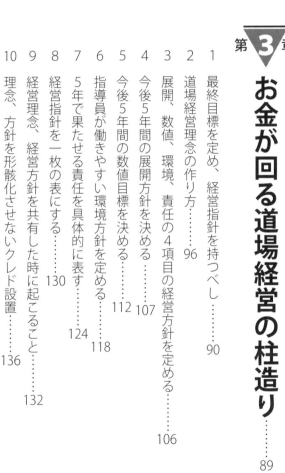

第6章 退会を防ぐために……211

第7章 武道に未来あり！……245

第1章

道場経営は仕事にできる！

1 道場経営とは何か

道場経営とは何でしょうか。

私はいわゆる会社経営と道場経営とでは、似て非なるものがあると考えています。

武道というのは伝統でありながら、浪漫《ロマン》でもあるとも言えます。一般的な会社で、提供するサービスが〝浪漫〟であると言えることは、かなり少ないと思います。しかし、武道の世界はどれほどビジネスライクにしていこうとしても、必ずや良くも悪しくも、この浪漫という言葉がついて回ります。この浪漫という言葉を、どう処理していくかが、道場経営成功の鍵であると私は断言できます。

この度は、本書をお手にとって頂き、ありがとうございます。

私は総合空手道武禅館という愛知県名古屋市緑区と岐阜県多治見市で伝統空手と総合格闘技の両方が学べる道場を経営、指導している小池一也と申します。

小池一也、または、総合空手道武禅館という名前は、もしかしたら聞いたことがある人もいるのではないかと思います。もしくは「起こりの見えない突き」のＹｏｕＴｕｂｅ動画といえば、ピンと来る人も少なくないのではないかと思います。まだまだＲＩＺＩＮの朝倉未来選手がＹｏｕＴｕｂｅに現れる前、私の動画は武道、格闘技が好きな人なら〝一度は見たことがある動画〟の一つであったと自負しています。

現に銀行融資の面談の際、担当の銀行員の方に、「見たことある」と言わしめたほどです。「元祖武道系ＹｏｕＴｕｂｅｒ」といえば自分であると思っているくらいです。

しかし、どんなにＹｏｕＴｕｂｅで再生回数を稼ごうとも、私は実質的には無名です。Ｋ‐１やＲＩＺＩＮに出場してプロ選手として活躍したわけでも、アマチュアの空手家として全日本大会でチャンピオンになったわけでもありません。どこにでもいる地元でそこそこ強い程度の空手家です。もしかしたら、街の喧嘩自慢にも劣るくらいの実力なのかもしれません。

それでも、私は本書を書くのに相応しい人間であると考えています。

この武道業界、格闘技業界は特別な人にしか、稼ぐことが許されない世界であるべきと皆さんは思いますか？

好きという気持ち、愛しているという気持ち、生き甲斐であるという気持ちは二の次にして、真の強者のみを残した弱肉強食の世界にすべきでしょうか。

私はそうは思いません。

なぜなら、この武道の世界は、この世に必要なものであったから残ったものではないからです。どんなに世界が混迷に陥ろうとも、我々の行っているこの世界は時代遅れの産物、不要不急の代物です。特にこの平和な日本社会において、必修ともいえるべき習い事ではないはずです。それでも私達のこの国には武道、格闘技というものが確実に存在しています。

それはなぜでしょうか。

それは私達が、私達の師達が、そして先人達が、この武道、格闘技を愛したからに他なりません。単に護身術というだけであっては、兵器の進歩や、時代背景の変化に合わせられず淘汰されていくのが自然の摂理です。

それでも、私達は武道、格闘技をやっている。なんて滑稽で、愉快で、幸せなことなんでしょう。私達がこの武道、格闘技の世界を愛しているからこそ、私は武道、格闘技を学び、広めていこうとしているのではありませんか。

だからこそ、私は〝お金〟が大切だと思います。

お金は血液です。道場、ジムを経営する以上は事業です。商売です。どんなに「これは商売じゃない」と否定しようとも、生徒を募り、月謝をもらっている以上は確実に事業であると言うことができます。あなたが、道場、ジムの経営を副業でやっていても同じ事。

本書をお手にとって頂いたあなたは、今何らかしら変化を求めていることと察します。いや、私はそう願っています。実は私はこの本を書くのに、約3年の歳月を費やしました。この日本を変えていきたくて、この業界を変えていきたくて、そしてそのために礎、変化が必要であると多くの人に気付いてもらうために、この本を書こうと心に決めました。そして、来る日も来る日も筆を執り（正しくはタイピングを行い）、14年に渡る起業家生活、10年に渡る道場経営者として生計を立てるために積み上げてきたノウハウを記していきました。そして、本来ならオリンピックイヤーであった２０２０年、新型コロナウイルス（covid-19）によるパンデミックが起き、我々は否が応にも変化を強いられました。

２０２０年2月下旬から新型コロナウイルス感染拡大に伴い、休業要請が発令された地域が多くありました。その影響から収益に大打撃を受けたのは、私達、武道、格闘技業界だけではありません。私達がよく知る企業、思い出のあの店、この店も多く廃業しました。

休業要請で道場を休んでいる最中、「休業中」の張り紙を貼るために自宅から道場へ向かう途中、車から流れる地元ＦＭ（zip-FM）を聞き、いつもただ面白いなと感じているだけだったジェームスの声が何だか優しく聞こえ、涙が出てきたことを今でも覚えています。

他の業種は休業要請が解けたのに、スポーツ業だけは要請が解けない。道場経営をしていて辛いことはたくさんあったのに、今までの経営経験の中で一番辛かった出来事のように思います。

そんな悲しい世の中でも私達は生き残らなければなりません。それは事業だからです。一つでも多くの事業が残り、利益を上げ、日本経済を再び盛り上げていかなくてはなりません。そうでなくては、武道、格闘技業界の発展はありません。これは私達、経営者の使命です。そして、それが使命である以上、私達は変化をしなければなりません。変化を余儀なくされるのではありません。私達は生き残るために、積極的に変化すべきなのです。私達はお金をかけるべきです。そして、私達はお金を稼ぐべきです。自分だけではない誰かのために、私達をそうしなければならないと思っています。前々からその思いを伝えたかったのですが、今のこのご時世だからこそ、その思いが、より伝わるのではないかと考え、一度書き上げた原稿を全て白紙にし、再度書き上げることにしました。

私と同じように〝道場や格闘技ジムを本業〟として生計を立てている方、仕事の傍ら、副業として運営し指導されている方は、今まさにお困りのことかと思います。

「武道、格闘技で生計を立てる」という選択が、まだまだ非現実的であると言われる昨今、好きなことを仕事にしている私だからこその強みというものがあります。

こうしたコロナの苦境下でも、自分次第で乗り越えることができます。

「好きなことは仕事にしない方がいい」、「武道、格闘技はお金にならない」という言葉はもはや時代遅れとなりました。

あれほど〝子供が将来なりたい職業〟としてランクインしていたYouTuberという生き方に、世の大人達は否定的な意見しかなかったのですが、コロナ苦境の最中、動画配信に取り組む一般企業経営者が急増しました。世の中の価値観が、外出自粛によるリモートワークの推奨が大きく変化したのです。地上波のテレビ番組を見ても、リモートワークで出演する芸能人が多く、〝家で仕事〟という価値観に大きな変化を与えたように思います。

また、私達のような武道、格闘技業界でもオンライン講座を開始しているところもありました。私自身も禅道会東京の西川先生を見習い、コロナ禍で道場に来れない子供達のために、オンライン講座に取り組み、人と人との繋がりを深く感じました。オンライン上であっても、人と人とは繋がることができるという感覚が世の中に広く普及したかのように思います。ある意味で5G時代に、世の中は準備できているのかもしれません。

しかしながら、正直なところ、この業界にはあまりにも参考事例が少なく、ごく一部の大団体を経営しているような〝身近に感じない〟人くらいしか、武道で生計を立てている人を見る機会がありません。ですから、私達はこの困難の中どう動くべきかの指標を作るべく、私は再び、完成した原稿を捨て、ゼロから筆を執ろうと決心したのです。

2 武道を仕事にするための覚悟とは

この業界は特別な人でない限り、自分の道場を開くことを認めないような雰囲気があります。しかし、私は無名であっても、輝かしい実績がなくても、道場経営者として問題はないと考えています。それは単に〝名選手、名指導者にあらず〟という言葉の引用ではありません。ただ単純に「武道、格闘技が好き」、「自分はこの道で救われたから恩返しがしたい」というような動機があれば、武道家として無名で、腕はそこそこであっても全く問題がないと私は考えています。私は、この武道、格闘技の業界をまるで飲食業と同じくらいポピュラーで、〝仕事〟としての認知度の高いものにしていきたいと考えています。

私は空手道場を経営しています。現在では、伝統空手クラスと総合格闘技クラスの二本立てで運営しています。過去はフルコンタクト空手クラスやキックボクシングクラスなど、自分が修行してきた中で、好きなことは全て運営していたのですが、当館に集まってくれる道場生の需要や、自分や指導員の指導法、そして理想の武道、格闘技像を考慮した結果、この2つのクラスが残りました。

私自身、腕のほどはどうかと問われると、正直の所、あまり大したことがないと思います。一般的に道場の先生、私の場合は館長と聞くと、「一体どれくらい強いんだ」と想像されると思いますが、ただ武道、格闘技が好きなだけで、それ以外はありません。

人に誇れるものといえば、武にかける時間が大量にあって、自分の指導がある時間以外は他武道、他

武禅館の"両輪"、伝統空手系（写真左）と総合格闘技系（同右）

格闘技を学びにいけるので、自然とその知識が蓄積されていくということだけ。そこだけは誰にも負けないと思います。でも、私と同じように武道愛好者のあなたは、まさにこのような生活、夢のようだとは思いませんか？

会員1万人以上を越すような大団体だけが道場長ではありません。もちろん、そこを目指してもよいとは思いますが、私は「パン屋をやっています」、「町工場を経営しています」という個人事業主や中小企業家のように日常的に目にすることがあるくらい、道場経営者を世の中に多く増やしていき、職業として確立できる業界にしていきたいと思うのです。そうすることで、より武道、格闘技の愛好者は増え、この道を目指す人達が増えていくのではないでしょうか。

武の道が〝生き方を指す〟というのであれば、武で生計を立て、武を極めるために、1日の全てで武にどっぷりと浸かるという生き方もあってもいいのではないかと私は思うのです。「武道は将来、何かの役に立つ」という言葉を我々、武道家は、その〝何か〟を明確に示すことなく乱用してしまいがちです。武道を学んだから、仕事も学業もスポーツも上手くいくというように、武道のサブ的効果ばかりを謳い過ぎているような気がしています。〝武道そのもの〟を追う生き方があってもいいのではないかと、私は思いますし、これからの世の中はそうした人達を〝プロフェッショナル〟と捉える価値観が形成されていくのだと私は考えています。

考えてみてください。いまや、フィットネストレーナーなどは、筋力トレーニングなどボディデザインで生計を立てている人達もいます。今では、当たり前となりましたが、スイミングスクールのインストラクターなどは水泳を教えて生計を立てています。「将来はフィットネス業界で仕事がしたい」と子供が言い出しても「やめとけw」という反応にはならないのではないでしょうか。その業界で生計を立てる姿が容易に想像できますよね。

よくジムにいるフィットネストレーナーも専門職であろうと想像ができますし、子供達を通わせているスイミング・インストラクターも専門職であろうとは容易に想像ができます。「あの人達はボランティアだろう」と想像する人は、まずいないと思います。

しかし、武道道場では指導者を見て「あの人はボランティア」だと、〝勝手に〟想像するのは難しくありません。現に私自身も、道場生から「先生のお仕事は？」と稽古の合間の雑談で聞かれることがあります。私としては「今、仕事なんだけど！」と思ってしまいますが、一般的に武道＝仕事というのは想像ができないようです。

実際、職業としての〝武道家〟が認知されているのは、ドラクエかFFなどゲームの世界だけでしょうし。恐らく、RPGでは勇者、魔法使いの次くらいに認知度の高い職業ではないかと思います（笑）。

不思議に思いませんか？　フィットネスは様々な層がターゲットになります。近年のライザップを中心としたボディメイクブームから、フィットネス・インストラクターが職業として成り立つことはわかります。誰もが、美しいボディラインに憧れることは言うまでもありませんし、誰もが健康でありたいと思っていることも言うまでもありません。誰しもが潜在的に描いている欲求であることは明白ですし、十分にビジネスとして成り立つ要因を満たしています。

しかし、水泳はどうでしょう。一つの競技である水泳が、武道の世界とどう違うのか？　なぜ、スイミング・インストラクターだけが職業として容易に想像でき、武道、格闘技の先生が職業として想像することが難しいのか？

私は、この二つに大した違いはないと考えています。水泳も「泳げれば万が一の役に立つ」という生存欲求を刺激するものですし、武道、格闘技も「万が一の防犯に役に立つ」という生存欲求を刺激するものともいえます。また、双方とも「健康でありたい」という欲求を満たせます。しかし、両者には明確な差があります。それは「武道は神聖なものだ」という考えです。

その考え自体を否定しているわけではありません。ただ、その考え方から、偏った思考が派生しやすいことに原因があるのではないかと私は考えています。神聖視し過ぎるあまりに禁忌的思考、風習が多く残り、それが、武道、格闘技業界の経済的発展の可能性を貶《おとし》めているのだと思います。

私自身、武道、格闘技に携わる人間として、この業界、この世界に誇りはあります。自分達の分野が建国より２６００年以上も続く武の歴史の一員であるという自覚も持っています。だからこそ、武の世界は、何よりも高い精神性を持ち、何よりも誇り高いという気持ちもあるのは正直なところです。しかし、現実的に考えるならば、その思いは悔しくも忍ばねばなりません。この経済社会を生き残り、武を後生に残すことも我々の使命であることは言うまでもありません。そして、さらに現実的な話をするならば、武道も、水泳も、その技が持つ精神性は何ら変わりはありません。この今の世界は全て人の思いが込められています。建造物もそう、道具もそう、そして、それらを生み出す技でもそう。私達の扱う武も、自分の身を守ることに始まり、家族を守り、国を守り、そうした大切な何かを守るために生まれたことは間違いありません。

泳ぐという技術をとっても、水難から身を守り、海の幸、川の幸を手に入れ、さらには水上の戦を乗り越えるためには必要な技術でもありました。その技術の始まりにおいて、その先にある幸せを見ていたことは間違いありません。ただ、その始まりの意思が忘れ去られ、ただ何となく、その技術を学ぶ世になったというだけです。

奥深く技術を追求すれば、我々の武も、今広く、スイミングスクールとして学ばれている水泳も、その技の持つ精神性は何ら変わりがないはずなのです。今の日本は、その初心を忘れてはならないという世界ではないから、同じではないと思うだけなのです。

私達、武道家、格闘家は初心を重んじます。それは自分自身が武を志した最初のキッカケだけではありません。〝武〟という概念が始まった先人の思いを尊重します。そこが、武道が〝武の道〟たるゆえんであると私は思っており、それが伝統と呼べる根拠であると考えています。しかし、反対にその道も

平和を脅かす一因であるとも私は考えています。昨今、五輪で武道競技も盛んに取り入れられるようになりました。柔道競技に加え、空手競技も加えられ、益々、スポーツ競技として発展を遂げ、その技術は人の持てる限界近くまで進化していることは間違いありません。空手という武道がスポーツ競技に加われることを嬉々とすべきか、本当のことを言えば、私自身は悩むものがあります。

人生の3／4以上（今アラフォーだからこの計算）を、「武道はスポーツとは異なるもの」として人生を過ごしてきました。私は葛藤しています。私の生きる空手の世界はどの流派をとってしても、多くの場合、競技を行います。どのルールであっても現実的にいえば、ルールを定め競技として催しを行う以上はスポーツであると言えます。しかし、私のいる空手の世界は矛盾して、「武道はスポーツではない」と謳うのです。柔道家のあなた、合気道家のあなた…あなたの武の世界においてはどうですか？

私はこの矛盾の中に生き、そして、その矛盾を拒み、

しかし、その実態に目を背けることに甘んじて生きています。本当のことを言えば、私は空手をスポーツと呼ぶことに大きな抵抗があります。それでも私は事実を受け入れ、その実情を踏まえた経営戦略を立てていかなければなりません。もしかしたら、同じ〝空手家〟として生きている同胞でさえ、この葛藤を理解してくれないのかもしれません。

五輪はそんな世界で束の間の夢を見せてくれる平和の祭典なのです。スポーツは尊いのです。私のいる空手の世界では、そのスポーツとしての空手を否定する側もいれば、それを尊いとしてスポーツとして変容させようとする側もいます。他武道家の方から見れば、この葛藤は笑い草なのかもしれませんね。しかし、柔道はいち早く、この現実を踏まえスポーツとしての武道を確立していきました。空手は柔道に次ぐ、世界でもポピュラーな分野です。その愛好者は約1億人を越えると言われています。まさに空手は柔道の後を追うのか、空手は空手として本来の武道を行くのか、その葛藤の中、混沌としているのが現状です。

本当なら、奥行きに達すれば、私達は、私達のそれが世の中には不要な存在なのかもしれません。しかし、この経済社会においては〝業界〟として存在し、人の営みにおいては〝伝統〟として存在している私達は生き残っていかなくてはなりません。そして、この真実を踏まえるからこそ、確実に利益に繋がる経営を実現できるようになるとも付け加えておきます。


少なくとも、個人的な感想ではありますが、武道の目的は〝生き残る〟ためのものです。経済社会において生き残っていくのも先人の思いを果たすことともいえます。このコロナ禍において、コロナが過ぎ去った次の時代においても、それは同じです。経済社会の一員として位置づけられている私達は、大きく利益を追求する責務があります。先人の理想とする武を体現するには、あなたが理想とする武を追求するには、確実に〝お金〟が必要なのです。これだけは間違いありません。私は、あなたに〝武〟を好きに追求して、それがお金になる方法を提供しているだけに過ぎません。

あなたは今から、武道業界の指す〝清濁〟をひっくるめて、その象徴として長い年月を生きていく覚悟を決めていかなければなりません。それはまだまだ孤独の道かもしれませんが、それを実現した先に多くの幸せを産む力を手に入れることは間違いありません。無名の私が言うのだから間違いありません。

3 道場収入を確定申告し、お金の流れを知るべし

武道は現代では、一般的に何と認識されているのでしょうか。多くは、言わばスポーツの習い事です。それもスイミングスクールのように、専用施設に赴き、専門家に習いに行くという認識をされているのではなく、地域で武道のできるご年配が公民館で教えているので習いに行く、という認識です。消費者の多くは、武道の先生はボランティアであると勝手に認識しているのです。もちろん、その生き方も当然選択肢として〝有り〟だとは思いますが、そのイメージを先行されてしまうのであれば、消費者の都合が良すぎます。

インターネット上で表記されるのも、習い事のカテゴリです。ワールドスタンダードでは、どうやら武道、格闘技道場の経営者はプロフェッショナルとして認識されます。だからインターネットの検索エンジン上は、プロもアマも区別はありません。まさに経済社会における私達の立ち位置を表しているといえます。

そして、比較検討されるのは、フィットネスクラブやスイミングスクールなどプロフェッショナルな専門家が運営する〝習い事ビジネス〟です。そこで選択される存在にならなければなりません。そして、この武道、格闘技における教育や興業など、あらゆる産業的視点で見渡し、この国をより発展させていかなければなりません。

それらは、日本だけに留まらず、どの国においても共通する課題なのではないかと私は思っています。

彼らと同じフィールドに立っているということはそういうことです。
この国にもたらす私達の役割は非常に大きいという自覚を持たなければなりません。なぜなら、私達は先人として、後世にこの武道を伝えなければならないのですから。それはある意味で、先人達の思いは間違いではなかったと、過去に答えを与える営みでもあります。それが文化の継承というものです。私達は日本文化の中心にいます。
そこでまず、私は、私達の理想とするべき職業としての武道家像を提示します。
それは、クレジットカードの申し込みの際などに記入する職業欄に「武道家」または「道場経営者」として記入し、また、それが審査において認められるということではないかと考えています。公的な場で使える。それが市民権を得るということです。「その他サービス」として分類されるのではなく、「教育」の中の小カテゴリに「道場経営者」を入れる世の中にすることが私の目標であるとも言えます。それは一つの職業を作るとも言えるでしょう。挑戦です。私はあなたと戦っているのでも、アンチと戦っているのでもありません。私は社会と戦っているのです。

そして、それを目指し、努力していくことで、社会の実像に沿った教育者としての振る舞いも完成していくのではないかと私は考えています。

正直なところを言いますと、私達の生きる武道の世界というものは、独自で形成した共同体によって成り立っていて、その共同体独自の思想、価値観、慣習、ルールによって縛られてしまい、社会的実像から大きくかけ離れてしまうことが多くあります。

道場経営者が教育者共同体の長である以上、人を育てるということに情熱を注がねばなりません。人を育てるということは、決して不幸な人を生み出さないということが命題であるともいえます。成功者を多く輩出すべきであるとは言いません。成功者を生み出すには道場だけで帝王学の全てを補完することはできず不十分であるからです。私達は成功者を生むには不十分な存在なのです。江戸時代ならば、道場で学問を学ぶということが一般的だったでしょう。

しかし、明治、大正、昭和、平成を経て、令和のこの時代には、義務教育が存在し、多くの学習期間が存在し、道場だけで全て補完できる状況にはありません。それこそフリースクールとしての役割を担うか、教育機関として国の認可を受けねばなりません。そのためには莫大な資金力が必要となり、個人事業主の段階ではハードルが高すぎるようにも思います。しかし、先の目標として思い描くことも必要ではあるかもしれません。そうした一人一人の目標達成が、変革を求める社会の礎となれるという事実もあります。

なぜなら、私の世界は変革が必要だからです。人が形成する共同体というのは、一度、徒党を組めば、その共同体特有の独自ルールを形成してしまうものです。機関であるべく教育現場も集合し、所属という概念を与えることにより共同体と化します。教育現場が共同体と化すメリットももちろんあります。それは人の所属欲求を満たすことに加え、その地域共同体の一員であるという自覚を持たせることに繋がり、結果として、その地域に大小なりとも利益をもたらしてくれるからです。

デメリットは、まさに独自判断での懲罰をはじめ、体罰、イジメです。

本書を手にしているのは、大体、私と同世代か、私よりも年上の世代であると勝手に予測をして文章を書きます。きっと私達は目にしているはずです。学校で喧嘩をし、相手に怪我をさせてしまったけども、教師の裁量で勝手に保護者同士、生徒同士の示談となってしまうこと。一歩、学校の外で喧嘩を起こし、怪我を負わせたものなら、通常は警察沙汰で暴行事件として処理されるはずです。賠償は示談となっても、犯罪は犯罪です。しかし、いざ学校の中で同じ事態を起こしても、教師の裁量でも何とでもなっていました。一般社会でならば、通報するようなものであっても、共同体の独自判断での懲罰を与えているのです。まさに治外法権ともいえます。

少なくとも、公が運営する義務教育の現場では、私は共同体としてではなく、機関としての教育現場を実現させるべきであると考えています。もしくは義務教育は地域共同体に一任し、人として必要なコミュニティに参画する能力を養うことに集中し、高校、大学などは所属という概念に縛られず、多様性を養うことを目的とすれば、よい社会が実現できるのではないかと私は考えています。集まらない、密集しないというソーシャルディスタンスが叫ばれているコロナ禍の昨今だからこそ、そうした共同体の在り方を変革させるチャンスではないかと私は考えています。

武道、格闘技の世界にも数多く、その流派によって、道場によって、独特な風習があるかと思います。それが共同体独自の慣習というものです。

有名な実例でいえば、よくフルコンタクト系の空手道場の人達が使っている「押忍」がまさにそれです。私自身、少年期を極真空手にどっぷりと浸かりましたが（高校時代は全日本大会重量級で準優勝）、極真空手の世界は挨拶、返事、相づち、全てにおいて「押忍」と答える世界でした。ＹＥＳもＮＯも「押忍」としか答えられないので、全てにおいて前向きな返事と捉えられます。しばし、それを利用して無理難題を押しつけられるのがデメリットでありますが、「押忍」で得られる精神鍛錬的効果は計り知れません。私はある一時期、「押忍」という言葉を軍隊的であると否定していた時期もあったのですが、やはり教育について考えていくと強者を育てる課程で「押忍」という言葉を理解、または活用する必要があるのではないかと悩んでいる最中です。

また、道場においては体育会系的な上下関係を強いられるところもあります。私が高校生になった頃には既に帯も上位となり、私自身がそれにおいて苦労した覚えはほとんどありませんが、私のような〝ただ空手しかできない〟高校生に対して「先輩」と呼んでいた当時の大人達の葛藤を考えると申し訳ないところがあります。これを現実社会で考えれば、絶対にあり得ません。

この令和の時代では、武道の世界にある多くの慣習は〝時代遅れ〟であるものが多いことに間違いはありません。多くは、指導者が権利と権威を併せ持つ仕組みで成り立っており、指導者の指示、発言は絶対であるというところがほとんどだと思います。そして生徒は指導者や先輩に逆らうことなく、右へ倣えの環境で、良くも悪くも全ての事柄が統一されたような状況の中で稽古をしていることがほとんどです。それは、生徒の全体力を底上げすることができます。それは拡大的にいえば、日本国民全員が一致団結して、一億総出で戦う力を養うには向いている教育だと思います。しかし、先の大戦を見るに、一致団結、一億総出の力は、一人の大天才に敗れたのも同然でした。戦後の復興を経て、バブル崩壊以降の世界経済の流れを見ても、日本はどの業界でも、次々と一人の大天才達に遅れをとっていました。日本の平均値を底上げする教育は時代遅れであるのか否かと問われれば、それはまだまだ必要教育であるとは思っています。しかし、この令和の時代に欠けているとすれば、一人の大天才を生み出すための教育なのだと思います。

私は道場で、新規入門生に「大人とは何か」と質問をすることがあります。9割くらいの子供達が「みんなと同じことを、同じようにできることです」と答えます。もちろん、それで良しと思う教育者もいるのでしょう。それもまた、必要なことなので否定はしません。ですが、私はこれは「この子の将来が心配だ」と思い、ぞっとしてしまうのです。

昭和、平成中期まではたしかに「みんなと同じことを、同じように」で生きていけたのだと思います。しかし、平成も中期に入りＩＴ革命が起きました。それ以降、人々は自らで検索し比較し検討する時代となったと共に、今までは受信するだけだった情報を、自身の手でいつでも発信できるような環境になっていきました。

そして、これからの令和の時代、あと数年でＡＩはさらに進化し、今現在、存在する仕事の多くはＡ

Iにとって代わり、人間が働く場所がなくなってしまうのです。数年先の世界は、安定した職場に就職できる絶対数が少なくなり、非正規雇用や雇用難に喘ぐ人で溢れかえる可能性があります。〝AIとの戦い〟は既に始まっているではないかと考えています。

あと数十年もすれば、人間の仕事の多くはAIがとって代わります。今ある職業の50%が消え、新たな職業ができ上がるとも言われています。

そのAIとの戦いの幕開けでもあると言っても過言ではない、この令和の始まりにそのような「同じことを同じように」という教育でよいのでしょうか。

よいはずがありません。

もちろん、未来は今よりも暮らしやすい世の中になっているのかもしれません。しかし、生きやすい世の中ではないでしょう。自分の才能一つで生き抜ける思考と力をつける必要があります。自ら考え、動き、新たな価値（ブランディング）を生み出す必要な時代です。だからこそ、教育者でもある私達、武道家は変わるべきではないかと考えます。

かと言って、武道が日本の伝統文化であるという特性上、残すべきものは残す必要があります。そして、共同体独自の思想、価値観、監修、ルールも、道場や武道の神聖さや厳粛さを保つことができるキッカケであるともいえます。しかし、武道の世界は神道や仏教の影響を受け、その思想体系を確立してきたとはいえ、現代における武道は、あくまで教育の一つであることは確かです。

私はこうした矛盾を解決するには、平成における現上皇陛下のなさりようが、まさに私達の鏡であり、象徴であるのではないかと思うのです。倣い、残すべきものは残し、現代教育者としての在り方、振る

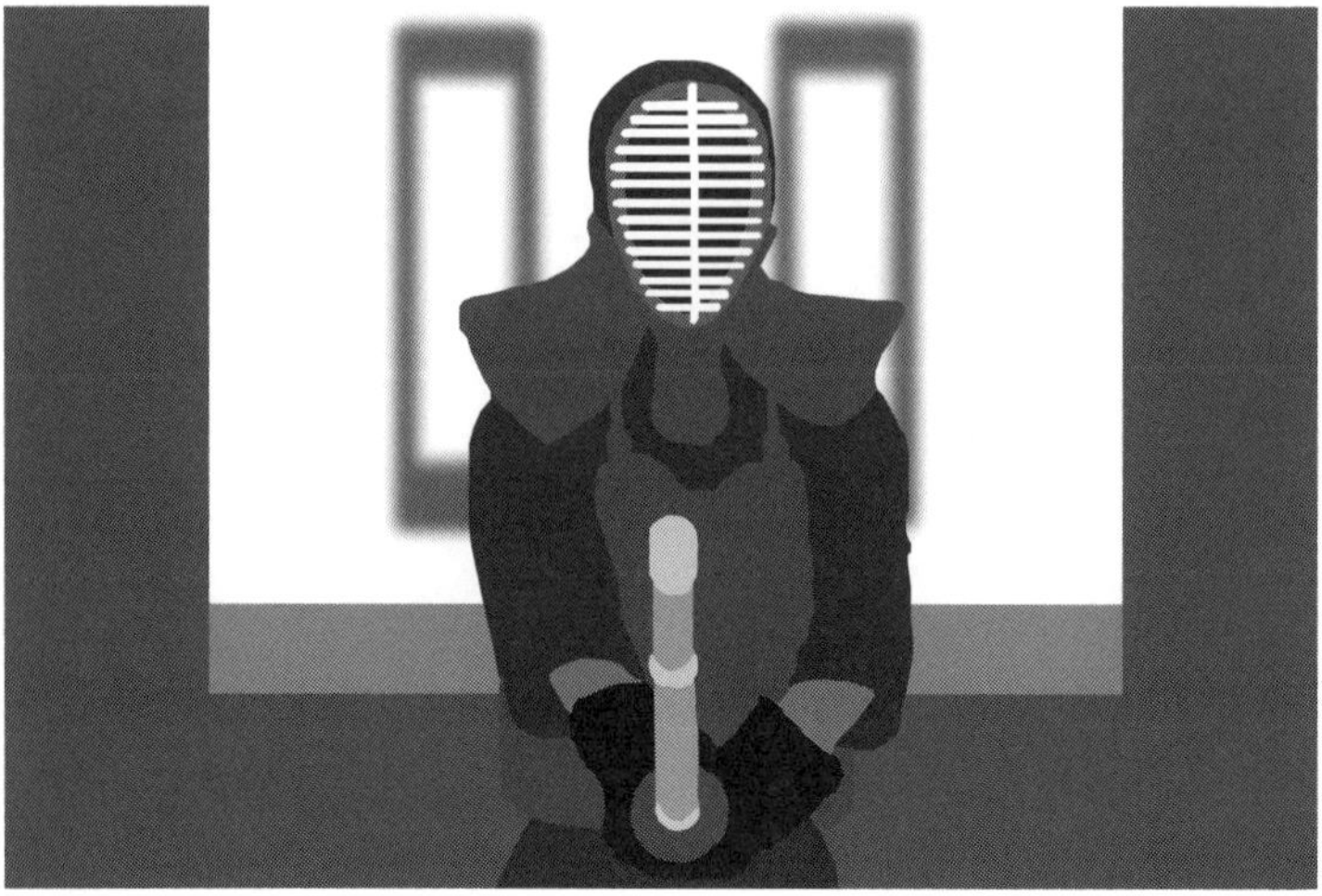

舞いを新たに作っていく必要があります。そうした点から見ても、平成という時代に象徴天皇としての新たな天皇像を全うなされた上皇陛下のなさりようこそ、まさに私達が目指すべき頂きなのではないかと思うのです。私自身も古い考えなのかもしれませんが、天皇陛下は国民の象徴として、日本人のあるべき姿を体現しているのではないかと考えています。経済社会に疲弊し、伝統の在り方について悩み疲れたら、私は天皇陛下を見習うべきではないかと改めて思います。

そもそも〝伝統〟という言葉は、古きを守り、新しきを取り入れるといった意味合いもあります。伝統とは伝えを統べること。人の反省、教訓、課題はどの時代をとってみても大切な伝えです。多方面に散らばり、時に論拠が矛盾する伝えを統べていくことが、私達、伝統文化に生きる私達の役割です。その伝統の大本であるのが皇室であり、天皇であるのですから、私達は常によい見本が身近にあるとも言えます。私達、武道家も、先人達の知恵を受け継いでいます。いかに振興団体であろうとも、少しでも何かしらの日本武道を学んだのならば、古きも新しきも、私達の技の中に刻み込まれています、言うなれば、私達はイノベーションの宝庫です。自信と誇りを持ち、新たな価値を生み出していこうではありませんか。

それでも、未だに「武道で金儲けなんて」という声があります。

多くの人がこの声、考え方に押され負けてしまい、武道の指導は無償の奉仕活動、ボランティアであるべきだという逃げ道を作ってしまいます。

人によっては、昼は責任の重い本職を持ちながら、夜は無償で武道指導に勤しむという立派な御仁もいらっしゃいます。かといって、それが素晴らしいとしても、武道指導が無償でなければならないという考え方に繋げてはいけません。武道が生活を豊かにするための副業の一つであったとしてもいいではないですか。

やはり日本には、まだまだ「お金儲けは卑しいものである」という考え方が蔓延《はびこ》って、そして根強いです。

例えば、子供達に頂いている月謝はいくらで、道場はどのように収益を出しているのか、そして、どのようにお金は回っているのかを説明することができますか？

多くの人が「大人の事情」と煙に巻き、または「大人の汚い世界は知らなくていい」と答える人が大半です。私自身、知人の道場経営者にこの質問をぶつけてみたところ、このような返答を頂きました。

正直なところをいうと、これは道場経営者だけに限った問題ではないかもしれません。父親の務める会社の会計、給料や賞与が成り立つ仕組み、家計の支出…様々なお金に関する問題を、多くの日本人は子供達に隠してしまっています。

資本主義の国にあって、お金の教育をしないというのはおかしな話です。

この話を、私が通っていた合気道の道場長にしたら、「小池くん、それは商人の発想だよ」と軽く笑われた覚えがあります。もちろん、私は恩師を批判しているわけではないことを念頭に述べておきますが、正直、お金を卑しいと考えるのはいい流れではありません。

江戸時代の武家諸法度的な考え方を未だに引きずっています。

自衛隊や警察など公務的な立場にある人がその考え方を継承するのならば、私はよいと思いますが、少なくとも商人の立場にある人が、その考え方を持っていてはいけない。

それもこれも、日本には〝お金は卑しい〟という考え方が蔓延っているからです。さらにいえば、今の平成後期から令和にかけてバブル崩壊の教訓が残っているのだとも思います。私自身は日本がバブルに沸いていた頃の記憶はありません。年表を辿れば、私が5歳くらいの頃にバブルは訪れていたのだと思います。生憎、私は貧困世帯に育ったので、その恩恵は一切受けてはおりませんが、当時のテレビドラマなどを再放送で見ると、やはり非常にこの国は浮かれていたように見えます。それは、いわば禁欲的な国民性の反動だったように思います。正しいお金の使い方、お金は社会、国の血液であるということを、国民が理解している、またはその思考の下、システムが構築されていればバブル崩壊は起きなかったのではないかと思います。

2019年頃から、多くの企業が副業解禁となりました。サラリーマンなどの本業を持っていても、起業やアルバイトなどの副業が許されるというものです。仮に副業で起業でもすれば自分自身で青色申告、確定申告を行う必要があります。世の中のお金の流れを知ることができ、よい試みであるかと思います。

これから専業として空手道場を経営するあなたも、まだまだ副業として経営するあなたもやるべきスタートはまず同じです。

まず税務署に行き、個人事業主として開業届を提出し、道場経営において得られた収益を必ず毎年確定申告することとです。開業届を提出すれば、あなたも経済社会の一員です。国、地域の大切な血液を作る一つです。いや、道場収入を確定申告しないことは脱税も同じであると言えます。たとえ、時間がなく、面倒だと思っても、必ずやらなくてはいけません。

あなたのやるべきことをもう一度言います。

税務署に行き、開業届を提出すること。
毎年、確定申告を行うこと。

この二つです。

4 10年に一度の危機を覚悟せよ

経営には必ずと言っていいほど、危機が訪れます。

運転資金を巡る問題、人に関わる問題、サービスの質と料金のバランス、競合の存在…など経営には様々な課題が沸いてきます。その課題を乗り越えることができなければ、当然の如く、経営は悪化し、危機を迎えるのは言うまでもありません。

ただ覚悟しておかなくてはならないのは、そうした危機を生み出すのは、自身の経営環境だけとは言えません。必ずと言っていいほど、10年に一度はこの国の経済を揺るがしかねない大問題が発生するのです。

2020年2月上旬、横浜港に停泊したクルーズ船内で新型コロナウイルスが蔓延したと数々の報道で取り上げられていました。その防護服に身を包んだ医師団や自衛隊の姿に仰々しさを覚えたものの、私達のような一般市民は対岸の火事でした。日本の防疫は優秀だから大丈夫、日本のような先進国では疫病は流行らない、そんな根拠のない自信と油断でこの国は溢れかえっていました。

それがどうでしょう。2月中旬になると国内でも感染者が増加し、2月下旬には全国一斉休校が発令されました。その当時は多くの国民が「なぜ急に？」と政府の対策に疑問を持ちました。まだまだ国民は新型コロナウイルスを脅威と認識していなかったのです。ところが日が経つにつれ、次々とクラスター（感染者集団）が発生し、それに伴い死亡者数も増加していく。日本はまだ死亡者数が少ないとはいいますが、イタリアなど世界の新型コロナウイルスによる死亡者数を見ると不安はよぎります。

同年3月29日に国民的コメディアンの志村けんさんが新型コロナウイルス感染により亡くなったことで、国民の恐怖感は一気に加速し、緊急事態宣言発令を求める声が広がりました。多くの国民が子供の頃から常にお茶の間で親しんできていたスターに訃報、そして、家族、親族であってもご遺体と面会することができないという事実に、この新型コロナウイルス蔓延を自分事のように感じることとなったのです。4月7日に政府は7都道府県に緊急事態宣言を発令し、同月16日には全国に発令することとなり、国民は外出自粛を余儀なくされました。その間、多くの企業はリモートワークに切替え、店舗などは時間短縮営業、または休業を要請されました。多くの法人、個人事業主は売上が途絶えました。そして、その多くが廃業に追い込まれました。法人、個人問わず、全ての事業が危機を迎えたのです。

もちろん、私も休業要請に応じ、愛知、岐阜の両道場を休業致しました。今まで忙しくしていて、「長い休みがとれたらなぁ」とずっと思っていたのですが、いざ長期間、自分の意思以外の何かに休みを決められてしまうと非常にストレスが溜まります。私の娘も幼稚園が休校になったものですから、親子の時間が長くとれるのは不幸中の幸いでした。しかし、いつまでこの休みが続くのか不安ということもあり、子供が夜更かしをして注意するのにも、必要以上に叱りすぎてしまったのかもしれません。今思えば、溜まりに溜まったストレスがその時に少し溢れ出たのかもしれません。私は非常に後悔しました。今思えば、私の道場はこうした危機にも耐えられるように〝仕組み〟を作っているのですから、もっと自信を持って堂々としていればよかったのかもしれません。まぁ、言い訳ではありますが、その〝仕組み〟

が本領発揮したのは初の出来事なので、不安に思っても仕方ないですが。

私の道場は2ヶ月間ほど休業を強いられても、繁忙期のボーナス的な売上はなかったとしても、定期的な月謝収入での売上は減らない仕組みになっています。また、その仕組みと繋がりのおかげで、約4ヶ月間は休業を強いられても赤字には転落しないと読んでいます。ここから金融機関からの運転資金の融資などを考慮すれば、6ヶ月間、売上がゼロの状態でも延命できると読んでいます。

なぜ、私がそのような仕組みを作っていたかというと、必ず10年に一度は経営を脅かすような災害、事件が起きているからです。思い返してみて下さい。10年ほど前、日本経済を脅かす事件といえば何が起きたでしょうか。そうです。2008年のリーマンショックです。アメリカの投資銀行であるリーマン・ブラザーズが経営破綻したことで世界規模の金融危機が訪れました。当初は、この時も日本国民は対岸の火事のように扱っておりましたが、次第に世界経済が深刻になるにつれ、日本経済にも波及していきました。その数年後の2011年には、日本人として今でも記憶に残る東日本大震災が起きました。一時的に消費自粛ムードで震災不況が起き、倒産する事業も多々ありました。一部の産業では、復興特需が起きたものの、その爪痕は日本人の心に大きく残りました。

その10年ほど前といえば1997年の山一証券の経営破綻、また、その10年ほど前の間には、阪神淡路大震災が起きました。日本経済史を辿り改めて考えてみれば、やはり約10年単位で深刻な経済危機は訪れています。

私が総合空手道武禅館を名古屋市緑区に創設したのは2010年8月30日です。その翌年、2011年には東日本大震災が起きました。私自身は東海地方に住んでいますので、いかに東北という遠い地方の出来事だとしても、同じ日本人の多くが悲しみに暮れる姿を見たら、居ても立ってもいられない気持ちに奮え、募金活動や支援物資の提供に力を費やした覚えがあります。しかし、その時期にやはり起きたのは自然発生的な自粛ブームで、私のような〝習い事産業〟を手がける人間にはかなりの経済危機が訪れてしまっていました。

今では300人が所属する私の総合空手道武禅館も2011年から2012年後半まで、自粛ムードに加え、私自身がボランティア活動に集中し過ぎてしまったため、経営環境は改善せず道場生が5人以下という状況が続くなど、困窮した思い出があります。元々、武禅館を立ち上げる前、私は2006年2月に当時の起業ブームの流れでITで独立起業をし、個人事業主の道を歩んでいました。そして、2010年に古武術研究家の甲野善紀先生のセミナーに参加する機会が多くあり、その影響を受け「自分も大好きな武道を仕事にしよう」と一念発起し、それまで行っていた事業を全て辞め、体育館を間借りし、何の後ろ盾や所属もなく、自流として総合空手道武禅館を立ち上げました。

「真の強さとは何か」、「真の武とは何か」とそれだけを追求していこうと決めたので、誰にも相談せず、誰の力も借りず、どこにも所属せず、生徒0人から始めました。恥ずかしい話、IT関連の事業も、恥ずかしい話、若気の至りで義憤に駆られ、政治的なデモ活動などに勤しんでしまったために売上が低下し、生活が困窮するような事態になってしまい、武禅館創立期には資金は完全に0円でした。いえ、0円どころか税金も滞納し、消費者金融からも借り入れを行ったので、むしろマイナスからのスタートでした。この時に現在のような経営知識があれば、どんなに楽だったのだろうと悔やまれますが、人には出会いというものがあるので仕方のないことです。

私はこの時の経験から、「〝10年に1度〟に備えよ」と、心に言い聞かせ、経営しています。言い換えるなら、10年に1度は必ず廃業の危機が訪れるという覚悟がないなら起業などしない方がいいということです。私の場合は、正直に申しますとADHDという障害があるので、どの会社でも自分の意思以外では動けないという特性があります。だから、経営者以外では生きていけないのです。そして、この道場経営というのが面白くて仕方ない。辛いな、辞めたいなと思うことは1度もありません。私のように、どんなに困窮に陥っても、道場経営が幸せで仕方がない、道場経営以外では仕事ができないという人くらいしか向いていないです。多幸感と覚悟が必要です。

10年に1度の経営危機を覚悟できないなら、道場経営をやめろ。

次の章から、私が生徒0人から300人までの中小規模の道場を築き、このコロナ禍を乗り越えた秘密を書いていきます。覚悟のある人だけ、この先の章を読み進めて下さい。

5 今すぐ、小さい常設道場を持て

まず、私がこのコロナ禍の中で気付いたことは、「小さい常設道場を持て」ということです。できれば80平米から100平米までの小さめのコンビニくらいのスペースがちょうどよいです。狭すぎたら当然、三密（密集、密閉、密接）の原因になります。では、体育館のような広い場所の方がよいかと言われると決してそうではありません。なぜかというと、それは「感染症対策」の問題が、まず大きな理由です。

100平米を越えてしまうと、必ず指導者の目が届かない瞬間が出てきます。道場生が入口から入る瞬間、トイレに出入りする瞬間、必ず、消毒やアルコール消毒をして欲しい瞬間があります。意外と人は面倒くさがりです。その面倒くさがりは子供達だけではありません。大人達もです。

皆さん、コロナ禍以前のトイレでの行動を覚えていますか。特にショッピングモールやスーパーなどの公共トイレでのことです。トイレを利用した後にもかかわらず、手洗い場で指先を少し濡らしただけ。そんな人、多く見かけませんでしたか。その程度でウイルスが落ちるはずがありません。当然、インフルエンザや風邪が蔓延するわけです。ハンドソープを使って、しっかりと手を洗ってくれないのですから。

コロナ禍においても、まだまだ手洗いをしっかりとしない大人は存在します。子供達の8割方はコロナ対策として教育されているので、意外と守ってくれています。大人が思っている以上に、大人はダメで子供達の方がまだしっかりしているものです。

そんなサボりがちな大人達や一部の子供達を監視できるよう、手洗い場やトイレが見渡せる小さな常設道場を持つべきなのです。公民館や体育館、武道場などは運動スペースとトイレが同室内にないので、監視することができません。コロナ禍においては、クラスターが発生してしまう危険があるということです。クラスターを発生させてしまっては、病人に鞭を打つ国民性のある日本、特に地方では活動がしにくくなることは間違いありません。地方ほど「コロナ出て行け」という張り紙が感染者の自宅ドアに貼られるくらいですから、道場で発生させたとしたら、完治したとしても再度、体育館を借りて活動するということは不可能に近いことは想像に難しくありません。体育館を借りることができたとしても、クラスター発生の噂が広まってしまうので新規入門生は望めないでしょう。

日本はムラ社会が多く繋がり合って存在している国なので疫病に弱く、自分のムラを守るためにも厳しく、いざ疫病にかかった者を排除しようとする働きが生まれるものです。農耕社会で地域の協力があってこそ家庭が成り立つというムラから始まったのが日本という国なので仕方ありません。私達はクラスター発生を避けるしかありません。

それに自分自身の責任でコロナウイルス対策を行うことができるので、常設道場を持つことは優位です。アルコール消毒の設置や、床、手すりなどの除菌など様々な対策を自分の責任で十二分に行うことができます。いつ、誰が、どのように除菌、清掃したのか分からない公共施設では不安が残るということです。

また、常設道場を持つにあたって、もう一つ大きなメリットがあります。

それは緊急事態宣言による公共施設の貸し出し停止という措置を免れられるということです。

緊急事態宣言中、私は名古屋市緑区で名古屋本部道場と称し常設道場を持ち、活動していました。名古屋本部の道場生は当時約200人。そしてもう一つ、岐阜県多治見市でも活動領域拡大のため、公共施設を借りて運営をしていました。その当時、道場生は約30人強。政府が緊急事態宣言の解除をしても、岐阜県はスポーツ団体にのみ公共施設の貸し出し自粛継続をしたのです。当然、その間は活動が一切できません。それは6月中旬まで続きました。

普段から公共施設で活動していたので、場所を代替えして活動する選択肢が大幅に少ない。常設道場が使えなくなって、代わりに公共施設で運営というのはよく聞く話ですが。その逆のケースはあまり聞いたことがありません。せいぜい、思い付くといえば公園くらいです。しかし、公園は30人が集まるには少々狭すぎます。また、仮に集まれたとしても、1時間以上も大人数が公園の大箇所を占領してしまうのは、他の利用者に多大な迷惑をかけてしまいます。そうした理由から、やはり〝持つべきものは常設道場〟であるということを確信しました。

特に公共施設で道場運営を行うべきではないというのは、今回のような緊急事態宣言に備えてという理由だけではありません。10年に1度はやってくる経営危機は、地震ということもあります。日本は特別といっていいほど、地震の多い国です。他の国とは地震発生率は格段に違います。もし、自分の活動する地域に大きな地震が来たら…。当然のように公共施設は避難場所として使用され、道場として使用できる日がいつになるのか分かりません。そうした事態を避けるためにも、常設道場は確実に必要なのです。

私の活動している地域は東海地方です。この東海地方というのは、私が子供の頃よりいつ東海地震が起きるか分からないと言われてきました。その防災意識は、東日本大震災をきっかけにより高まりまし

2020年、コロナ禍の中でオープンした常設道場、武禅館多治見本部

た。それがこの東海地方です。私は生活を支える基盤としての大人数を抱える名古屋市緑区の道場を早くから常設化しましたが、30人ほどの岐阜県多治見市においては常設化するのが緩やかなペースでした。いつかこのような事態になるということは始めから分かっていたことであるにも関わらず、多治見道場を開設した2018年から約2年ほど公共施設利用に甘んじていました。後々の章でも説明は致しますが、多治見道場はまだまだ相場の半分ほどで一見ボランティアとも見られるような価格で運営し、また、一人一人との繋がりを大切にしていたため、新型コロナ感染拡大の直接的影響による退会者は1家族系2人のみで済みましたが、もし、この貸し出し自粛があと数週間続いていたら、やはり道場生は不満が溜まり、退会に繋がり大きな収益ダウンとなり、活動地域拡大という目標は達成できなかったでしょう。ここはある意味で、本当に運がよかっただけでした。

自分の考える災害対策を、いわゆる支部では実践していなかったことに反省をし、２０２０年9月には設備資金を準備し、貸店舗を借り、晴れて岐阜県多治見市に常設道場を開設しました。この常設道場を岐阜多治見本部と改め、武禅館の常設道場は全て本部と称し、その地域で指導員育成の役割も担っている機関であるという位置づけを定めました。おかげさまで、この文章を執筆している２０２０年10月時点では、岐阜多治見本部の道場生は50人を突破し、緊急事態宣言解除、または岐阜県独自の非常事態宣言解除から20名が増加した次第です。むしろ、コロナ禍のまっただ中にある方が、増加率は大きいものです。名古屋本部も月に10名ペースで新規入門生があるといった次第です。

そうした理由から、今すぐにでも１００平米以内の常設道場を持つべきです。

これができなければ、基本的に道場の発展は見込めないことは断言しておきます。

6 常設道場準備のための お金は〝集め方〟

私の提唱する道場経営には何かとお金が入り用です。その中でも一番お金がかかるといえば当然、店舗を借りるためのお金です。数ヶ月分の家賃、敷金、礼金、不動産屋への仲介手数料などを支払う必要があります。それだけでも多くのお金が必要となります。私自身の話をしますと、名古屋本部を借りる時は約１００万円ほど、多治見本部を借りる時は約90万円ほどお金がかかりました。これは借りるためのお金だけの話です。

居抜き物件ならまだよいですが、これがコンクリート打ちっぱなしのまま、フローリングなどの整備が全くされていないのであれば、この後にかかるお金がかなりになります。武道によって違いますが、合気道や柔術など投げ技、組技が多いものならば、当然フロアマットは用意したいものです。私の総合空手道武禅館は伝統空手&総合格闘技と謳っているので投げ技、寝技の稽古をかなり激しく行います。ですので、空手道場には珍しく組技系用の4cmフロアマットを設置しています。大抵の空手道場で使われているのは2cmフロアマットですが、我が武禅館はその倍をかけています。当然費用はかかり、私のように組技系4cmフロアマットを準備しようと思えば、約70万円はかかるでしょう。打撃系2cmフロアマットなら、その半額です。しかし、当然、準備すべきはフロアマットだけではないはず。私の道場ならばキックミットなどが必要です。多治見本部にはサンドバッグ2基、キックミット6セット、グラップリング用ダミーサンドバッグ1基を揃えました。それだけでも20万円ほどかかっています。組技系の武道ならば、少なくとも200万円は必要であると心得た方がよさそうです。

しかし、その200万円という設備資金はどう集めるのか。

貯金？　違います。私も名古屋本部を設立した当初は全く貯金がありませんでした。自慢ではありませんが、当時、貯金はほぼ0円であると言っても過言ではありませんでした。

そこで当時、私が名古屋本部開設の設備資金集めに利用させて頂いたのは、以下の2つです。

・クラウドファンディング

・銀行からの融資

要約して言えば、貯金が0円で経営実績がないのならば、クラウドファンディングで頭金を集め、それを元手に銀行融資を受けます。私自身も（株）Ready forのクラウドファンディングシステムを利用し、110％の達成率で100万円ほどの支援を受けた実績があります。そうした他人から支援をされているという事実とそのお金を元手に銀行融資を受けることができたのです。もちろん、そのためには5年先を見据えた綿密な事業計画書と収支計画書が必要なのはいうまでもありません。

私達、武道家はよく稽古以外、とくにお金に関することとなると「面倒だからいいや」「時間がないからいいや」と言って、正当な理由なく挑戦を諦める節があります。私は今まで、様々な武道道場、格闘技ジムに所属してきましたが、9割方の先生は「面倒だから」と口を揃えて言います。これはよくありません。というよりも、子供達には努力、挑戦、などと息巻いているにも関わらず、そうした挑戦をしないというのは本末転倒です。指導をするならば、まず自分自身が有言実行するべきです。この挑戦は経営者であれば、やって当たり前の挑戦なのですから。

とはいうものの、クラウドファンディングについては、自分自身の価値を明確に述べることができる人しか成功できません。クラウドファンディングとは〝個人や企業が思い描く事業、夢についてインターネット上で資金提供をしてくれる方を募り、社会的価値があると判断した有志が個人、法人問わず投資を行う〟という新しいシステムです。2010年以降、この動きが盛んになってきました。ここについては詳しく別紙で書きたいくらい経営とは別の知識が必要であるので、軽く述べる程度に抑えますが、本当のことを言うとクラウドファンディングを成功させるのは一筋縄ではいきません。ですので、貯金に余裕のある人はクラウドファンディングには挑戦せずに、銀行融資だけでも構いませんが、道場経営で本当に成功できるか否かを占うよい機会だとは思いますので、ぜひ挑戦してみてもらいたいのが本音ではあります。これが達成できれば無名の人間でも道場経営で成功できるかと思います。

クラウドファンディングでも、銀行融資でも成功に取り付けるには、やはり、あなたが、そして、あなたの道場が価値があるのか否かを明確にするということです。ただ、それは「武道は先人の残した伝統です」と述べるだけでは全く他人に伝わりません。あなたが行っている武道が、どのように顧客（道場生）に喜ばれるか、そして黒字を生み出せるか否か、銀行は融資分と利子を安定して回収できるか否か、それによって地域社会にどのような影響を与えるのか、そして、その事業（道場）は安定して地域に根ざすことができるか否か、ということを明確にすることが大切です。それが明確にできない、すぐに述べることができないというのであれば、それは全く社会的価値がないということです。あなたの行っている武道に価値がないわけではありません。あなた自身に価値がないというだけのことです。厳しいようですが、道場経営がビジネスである以上はそういうものです。

当然、私も道場経営で成功するまでは、価値のない人間でした。今でも、私自身は自分自身を価値のない人間だと思い込んでしまう癖がありますが、今では３００人近い道場生達、そして、私に関わる人達が、私を価値のある人間だと認めてくれているので、こうして必死に頑張ることができます。本当にありがたいことです。

私はＡＤＨＤがあるので、人とコミュニケーションをとることが苦手で、人脈や後ろ盾はありません。何かの団体や連盟への所属を誘われる機会がありましたが、私はどうも自分の思い描く理想を曲げることはできないので、所属をすることはできません。きっと迷惑をかけてしまうことにもなりますし、独立して道場を出そうとした意味がなくなってしまいます。かといって、ここに関して言えば、私の模倣をする必要は決してありません。せっかく自分自身の意思で独立しても、自分自身に社会的価値を見出すことができないのであれば、大きな何かの後ろ盾を借りて経営をしていくというのも手であると思います。例えば柔道のように、はじめから、何かしらの連盟などに所属したままの状態で、円満に連盟の一員として独立していれば何ら問題がない話です。ただ、私のいる空手畑では、自流を起こして道場を創立する人が多くいて、結局、自分一人では経営を成り立たせることができない人が多いので、この話をさせて頂いたまでです。自流を起こしたものの上手くやっていけない空手家の人は、何かに所属して自流を捨てるべきです。落ちぶれて問題を起こしてしまったり、空手の世界から足を洗って武道が嫌いになってしまうよりも、社会的意義のある大団体の一員となった方がよいと思います。

私は何の所属も後ろ盾もない状態から空手道場経営を始めて、今では生徒数は３００名に達します。もちろん、始めから全てが上手くいったわけではありません。金銭的苦労の連続でした。自分自身の価値が認められるまでは、人は集まりませんでした。

友人の結婚式があっても全くお金を工面することができず泣く泣く理由をつけて欠席をし、両親が若年性で介護状態となった時も日々のオムツ代などもままならず、何度も生きていることが辛いこともありました。

それでも何とか日雇いのバイトをしてお金を貯め、一般ビジネスの経営者向けセミナーや懇親会などに参加し、経営理論のイロハを学び、それを道場経営に応用して、試行錯誤しながら実践していきました。

２０１７年には常設道場を開設し、そこにクラスごとに分かれて、2道場生徒が切磋琢磨しています。令和に入ってから常時、月５名以上の新規入会者があり、コロナ禍以降は月に平均10名以上の新規入会者があります。退会は年に10名いるかいないかのペースです。

名古屋本部は人もかなり増えてきて、飽和状態になり、同じ名古屋市緑区内でも鳴海地域在住の道場生に本部に残ってもらい、徳重地域在住の生徒を新たに徳重分支部を開設して指導員を置き、生徒を任せるために委託分割して、本部道場の飽和状態を解決しました。これによって、同地区にて、より収益の上限値を向上させることが可能になりました。現在、岐阜県多治見市にも常設道場を開設していますが、名古屋と同ペースで新規入門生が増え始め、軌道に乗り始めた頃です。

繰り返しますが、私は空手競技に関しては大した実績はありません。高校生時代に全日本大会で準優勝をした程度です。あとはアマ総合格闘技でポチポチと賞をとっているという程度で、輝かしい実績に彩られた競技人生ではありません。むしろ、挫折と再起を繰り返しているだけの競技人生で、競技者、選手としての価値はないのでスポンサーは集まらないのだとは思います。それでも、道場生や支援者は集まりました。きっと、私よりも遙かに腕のいいあなたならば、もっと上手くできるはずです。

7 銀行融資を受けるために

私はボランティアで武道をご指導されている方も尊敬に値すると考えています。本書は決して、ボランティアで指導を行う先生達の否定をしたり、そうした流れを消していこうとするものではありません。ただ、本書の目的は、道場経営によって、少しでも収益が発生して自分の懐にお金が入るような方は、正しく確定申告をして税を支払って国を潤して市民権を得て、また、道場経営に従事する方が経営不振に陥っている場合、それを助けて、少しでも武道、格闘技の愛好者を増やしていく役割を担ってもらうというものです。なぜそうするのかと言えば、私が武道、格闘技が好きだからです。それ以外でも、それ以下でもありません。過激な表現が多いのは、私の性格が悪いからです（笑）。本書に書かれた知識に罪はありませんので、どうか腹立ちながらも本書を読み進めて下さい。次文でも、あなたをたくさん攻撃致しますので、効いたらどうか鍛錬し直し、実践して下さい。

ここから銀行融資を受けるための心構え、ポイントを書いていきますので、ぜひ肝に銘じて頂ければ幸いです。まず、融資を受けるための心構えを繰り返しになってしつこいようですが、述べさせて頂きたいと思います。

少林寺拳法の道院長から話を聞いたことがあるのですが、道院長は基本的に修行の一環として無給で指導に当たり、頂いている月謝は全て本部に納める。運営に必要な諸経費は全て本部が処理してくれるという仕組みらしく、完全にボランティアの形式をとっているとのことです。これぞ徹底したボランティアの形式であるといえます。

しかし、世の中には、そうした形式をとるわけでもなく、月謝収入は自分の懐に入れてしまうのにも関わらず、ボランティアを自称している道場長が非常に多くいます。彼らが言うには「他に本職を持っているから」というのがボランティアを自称する理由です。これは完全に副業です。

武道指導の携わり方にも多様性があっていいと私は考えています。当然、道場経営者として経済活動を行う自由もあるはずです。しかし、そんな彼らは、道場経営を本職として上手くいくと、「あいつの空手は商売だから」という〝お妬み〟の声や真っ先に浴びせてきます。私の率直な意見を言わせて頂くと、これらの意見は経済活動の意義を理解していないとも断言できます。


あくまで生徒から月謝などの金銭を頂き、多少なりとも懐に入れ、道場経営が成り立っている以上、私達道場経営者は武道を通して経済活動に参加していると言えます。そもそも経済活動というのは、この日本社会を豊かにするためにあります。商売があるからこそ、この国は豊かなのです。そこに意義と誇りを持って頂き、他道場運営者（あえて経営者とは呼びません）の妬みの声に負けず、決して他人に忖度することのない道場経営をして欲しいと思います。

競合というのは本来、切磋琢磨しあえる存在です。別の言い方をすればライバルです。たとえ、あなたより武道経験が長く、武の世界では先輩だとしても、地域社会から見れば確実に同格です。忖度する必要はありません。徹底的に倒しにいくのです。相手も同じように倒しに来ます。そうすることで、ライバル同士伸び合っていくはずです。いかにも武道家らしい、格闘家らしいやり方だと思いませんか。

しかし、この業界、こと先輩、後輩になると助け合いと称して、後輩は忖度して目立たないように運営をするような風潮があります。馬鹿馬鹿しい。助け合いとは、上杉謙信と武田信玄との美談のように困窮しているライバルに助けを施す（敵に塩を送る）ことであって、災害などで競合道場が浸水してしまった時に支援物資を送ったり、清掃の手伝いに行ったりすることです。経営戦略において、競合を気遣って目立たないように運営することなど考える必要はありません。あなたの経営について、とやかく言う競合がいたら、遠慮なく潰してあげて下さい。

消費者は事業者に対してお金を使い、その事業者は事業活動という労働の対価として収入を得て、同時に消費者となり得ます。また、福祉を受ける権利を行使する人も、消費者として活動しています。この日本という資本主義社会はこのようにお金が循環することによって成り立っています。当然、その循環が多ければ多いほど地域は豊かになり、また国も豊かになっていきます。逆に消費が落ち込めば、地域経済は落ち込みます。あなたが先輩に忖度する方が、より悪い結果を生むと言うことは念頭に置いて下さい。

私達、道場経営者は少なからずとも、お金を頂いていれば、経済活動の一端を担っているといっても

過言ではありません。私達は、お金を頂くことの意義をしっかりと理解し、銀行に提出する事業計画書を作成する必要があります。

私達の道場というのはサービス業であり、教育産業の一つと私は考えています。

私は教育産業は、一次教育産業、二次教育産業と分類できると考えています。

一次教育産業の定義は、学校受験に関して必要な学力を身につけるための教育サービスを提供したり、自動車運転免許や国家資格などを取得、支援するための教育サービスのことを指すと考えています。

また、二次教育産業は私達のような武道やスポーツなどを教育サービスとして提供する事業、囲碁将棋やギターなどの楽器など、いわゆる趣味娯楽を〝習い事〟としてサービス提供する事業のことを指すと考えています。また、健康産業の一つでもあるという捉え方もできますが、フィットネスジムやヨガスタジオを一次健康産業と捉えるならば、私達のような武道、格闘技は二次健康産業といえます。

一次健康産業を名乗るには怪我のリスクが大きすぎます。何の工夫も根拠付けもしないのであれば、私達の事業は顧客にとって大した価値のないものであると言えます。ですから、「道場を開きます。融資して下さい」といった趣旨の事業計画書では、投資分を回収できるのか不明確ですので、とても融資が受けられるとは考えられません。

ただ、あなた自身の事業計画に二次教育産業、二次健康産業の不利を乗り越えられる要素があれば話は別です。

一次教育産業というのは非常に分かりやすい価値があります。いかに結果を出したかということが第一に問われます。例えば、学習塾でしたら、東京大学合格○名、MARCH合格○名、国立大学合格○名、といったように、どのように人生を好転させたかの結果がまず重要視されます。

それらは個別指導、グループ指導、家庭教師、など形態は様々ありますが、どのような形態の授業スタイルが自分にとって結果に結びつくのかという視点で消費者は選択することができるというだけで、結局のところ、一次教育産業の価値は単純に、「学力向上などの結果が全てである」ということに変わりはありません。

楽しく学べる、ヤル気スイッチが入るといったような謳い文句が過去にあったような学習塾でも、〝楽しい〟という感情そのものが目的ではありません。あくまで学力向上という消費者が求める絶対的価値に変わりはなく、付加価値として楽しさがあるというスタンスでしかありません。人生を好転させることが第一であり、人生を好転させられるなら、楽しくやりたいというのが消費者の本音です。

対して、二次教育産業は絶対的価値が存在しません。

事業者が自由にその価値を設定することができ、消費者は自身の価値観を軸に、各事業者が設定した価値を比較、検討し、選択するという流れの下、成り立っています。なぜ、そのような価値の変動が成立するのかといえば、二次教育産業は一般的に見て、必要教育ではないからです。一次教育産業が価値とする学力向上の最終目標は、間違いなく、高校や大学受験合格など人生を好転させることにあります。

それらは将来の進路を大きく左右し、間違いなく必要な教育であるとも言い換えることができます。反面、二次教育産業は一般的な高校や大学などの進路への影響は少ないといえます。あくまで趣味の範疇を超えないので、学業が忙しくなった時、安定した収入が見込めないときなどすぐに辞められてしまいますので、安定した収入が見込めないように判断されてしまいます。このコロナ禍では尚更ですよね。事実、これでは経営は成り立ちません。

私のように死ぬほど武道、格闘技が好きという方は野球と比べると圧倒的に少ないものです。かといって、好きという気持ちを刺激するだけでは顧客を集めることはできないのも事実です。確実に言えることは、あなたの知人で野球やサッカーが好きな人はたくさんいるでしょうが、現在も野球やサッカーを習っている人は何人いるのか、という話です。想像に難しくないですよね。これが「好きなことは仕事にならない」と一般的に言われる理由です。

「好きなこと」とターゲットに想像させるのではありません。
「必要なこと」とターゲットに想像させるのです。

人によっては必要であるとも言えますが、多くの人にとっては人生の岐路の判断材料となり得ないとも言えるというのが、この二次教育産業の特徴です。だからこそ、事業者の判断次第でその価値を自由にコントロールできるという状況になっているのです。

一次教育産業に従事する人間がいかに、勉強を通して人格形成を図ることが目的ときれい事をお膳立てしたとしても、「で、結果はどうなの？」と問われます。まず、どれくらい学力向上が成されたかを数字で表し、志望校合格に結びつけることができたかを数字で示せない限りは、その学習塾の価値はないと断言できます。一次教育産業は目で見て数字で分かる実績が全ての世界です。〝人格形成〟という言葉は不要です。実績を積み重ねていくことはもちろん難しい道のりではあるでしょうが、不動のゴールが明確に設定されているので、ある意味で事業形態としてはその価値を表しやすいともいえます。

しかし、私達、二次教育産業従事者は明確なゴールが存在しません。その価値を伝えるのには、非常に難しいともいえます。よく私達の業界で聞かれる〝人格形成〟という言葉は既に使い古され、そこに価値を覚えない人が多いのです。なぜなら、今時、人格形成をできる機会は五万と存在するからです。人格形成は進学、就職などの進路に直接影響を与えるわけではないので、「武道は人生の役に立つ」と言いながらも、無意識的に「学習塾ほどの価値はない」と認め、教育指導の対価として金銭を受け取ることを遠慮している人も多い業態であるとも言い換えることができます。

このような背景を考えれば、私達のような武道道場経営者が銀行融資を受けるには、〝学習塾と同等の価値〟を、我々自身の手で創出し、成立させなければなりません。それらの創出がなく、ただただ、武道や格闘技という技術を提供するだけならば、顧客から金銭を受け取る価値はないと世間は断言しているのも同じです。事業計画書の書き方程度ならば、別の著書で学ぶことができると思います。しかし、こうした事業の在り方については私にしか説くことのできない問題ですので、強調させて頂きます。私達、武道に携わる人間は「武道は日本の伝統文化である」という文言に甘んじ、その価値に執着し、いつの間にか時代に取り残されていました。実際の経済社会では、伝統産業が悉く廃業してしまっているくらいです。近現代では機械化が進み、また現代ではＡＩも進化を遂げました。ものの価値観は大きく変化しているのです。私達もこの伝統文化という言葉と共に心中してしまう運命を辿ってしまう可能性は大いにあります。

しかし、私達の強みは決してモノ作りではないということです。だからこそ、いかようにも変化ができます。教育産業的価値にも変化すれば、健康産業的価値にも変化できる。または別の価値を自ら見い出せる可能性も大いにあります。

そして、その価値を消費者の価値観と〝マッチング〟させる必要があります。

ここで重要視して欲しいのは〝マッチング〟という言葉です。少なくとも、私達は伝統文化の中にある身分ですので、おいそれと提供する教育サービスの全てを消費者のニーズに合わせるわけにはいきません。それをしてしまっては、伝統も何も崩壊してしまいます。存在価値以前に、存在意義を失ってしまうことは明白です。

私達はある意味で、マッチング業者のようなものです。

私達が創出した伝統文化における価値と、消費者との価値観（潜在的ニーズ）をマッチングさせる。単純にいえば、ただそれだけの作業であるといっても過言ではないでしょう。

第2章

“オワコン”にならないための新たな価値観

(オワコン＝終わったコンテンツ
見向きされなくなったもの)

1 生徒に掃除をさせない道場になろう

私達、道場経営者は道場生（消費者）のニーズを無視してしまう傾向にあります。師匠と弟子、先輩と後輩、前時代的な儒教的価値観を押しつけてしまう傾向があります。そうしたニーズ、現代の価値観を無視し、道場独特の価値観の維持ばかりに意識をさいてしまっては、必ず人は離れてしまいます。

昔のように生まれた時から身分が決定し家督、家業を継がねばならないような時代ならば、それは〝生きているだけで〟という価値観が生まれます。例えば、年長者は偉いというのがこの感覚で、同じような生業の人々で集まった集落ならば、それは当然の如く、年長者が偉いのは間違いありません。日本という国はそうした集落となって、地域共同体が発生し、それぞれの共同体が寄り合って成り立っている国でした。いかに先進国になったとはいえ、そうした文化の延長線上にある武道業界なわけですから、当然、前時代的な価値観はポツリポツリと無意識的に残っているわけです。そして、現代でも日本人の多くは、そうした〝倫理観〟が理想であると思っている人は多いものです。

しかし、人の倫理というものは時代や世代によって違うのは世の常です。日本はいわゆる欧米的な成果主義を取り入れて久しいものです。転換期は小泉政権時とも言えますので、末期で計算しても大体16〜19年前くらいの話と言えます。物心ついた頃くらいから、こうした成果主義的な価値観の影響を受けているとも言えるので、大体25歳くらいまでの人は私達の考える倫理観とは何か違ったようなものがあるのかもしれないと言えます。そうした違いを単純に「最近の若者は…」とジェネレーションギャップとして受け入れるのか、迎合して芯のない大人として生きるのか、私達のように必ず下の世代と向き合う武道教育者は悩みの種となるものです。

私のようなADHDのある場合は、ここの部分には全く問題はありません。少なくとも私の障害は、他との協調性がとれず、個人での成果主義に陥りやすいというのが特徴です。中学生、高校生時代はどうしても、なぜたった一歳年上なだけで〝先輩〟、〝後輩〟と分類されるのかが理解できず、反発はしないまでも敬語を使えなかったり、命令を無視したりなどが続き、そうした旧時代の礼儀から見れば不出来とも言える態度でした。

私は1980年代生まれなので、私の少年時代はいわゆる不良というものが存在していたのですが、その不良の存在でさえ上下関係が存在し、うんざりするような厳しい礼儀作法（？）というものが存在しました。その矛盾に「それでは不良と呼べないのでは？」というツッコミを入れたくなってしまいますが、当時はそれほどまでに儒教的な上下関係が当然の倫理観として横行していたのです。私はこれについていけませんでしたので、今の若者達のように「数年の年の違いくらいで…w」という感覚はすごく生きやすい感覚があります。また、その感覚は、武道をビジネス的感覚で捉えるのにも一役買っていることは間違いありません。本当に得をしたなと思っています。

私の道場は中高生、大学生が他道場よりも多くいます。小学生の頃から5年、6年と続けて中学生になった生徒が多数います。また、ここで特筆したいのは、他道場を辞めて、中学生になってから入門する生徒もいるということ。私はよく中学生の子供達と他愛もない世間話をするのですが、その最中に「前に所属していた道場はなぜ辞めたのか？」という質問をすることがあります。そこでよく話題に上るのが、前師匠の悪口（笑）。本書読者のみなさんはどう思うでしょうか。

「前の道場は先生の言葉遣いがムカつく」「前の先生は生徒を部下扱いしてくる」という意見ばかりを聞きます。それもその通りかなと私は思います。私自身は正直なことを言いますと、師匠に恵まれていましたし、師匠に特別と言っていいほど深い関係性を築けていたので、特に問題を感じたことはありませんが、生徒本人の話はインターネットで散見されるエピソードを考えてみたら当然の話かもしれません。実際に自分自身は直接、そうした扱いはされてはきませんでしたが、私が少年期を過ごした道場内に所属する他先生の生徒への接し方などを考えてみると思い当たる節はあります。先生が生徒に対し、武道指導以外への口出しが多くあります。

武道の先生は、生徒に対して生活指導を行うべきだと考えている人が多く、また、武道実践者は生活を正すべきだという思い込みが非常に大きいように感じます。武道の道を、いわゆる生き方として捉え、生徒の怠惰な部分に目をつむることができない指導者は多いものです。

私はこう提案します。

生徒に道場の掃除の類いは一切やらせない。

昭和世代の先生方からは反発の声が上がりそうですが、特に小中学生の道場生に掃除をさせるのは百害あって一利なしです。「道場生に掃除をさせないなんて教育に悪い」と多くの武道指導者はお思いだ

と察しますが、そんなことは学校でもできます。ましてや、このコロナ禍において、目視確認できない瞬間が発生しやすい小中学生の清掃は危険極まりありません。

また、道場の清掃は道場長、指導者などが責任を持って行うべきです。利益が出れば、専属の清掃員をアルバイト雇用するのもよいでしょう。道具の使用など、〝誰が使用したのか〟が明確にある場合、道具の除菌などは使用者のマナーとして最低限必要なことだと思いますが、不特定多数の誰かが汚した道場の床などの清掃は、道場の管理責任者である道場長、及び、従業員の責務であると考えるのが一般的な常識で考えれば普通です。特にボランティアやイベントでもない限り、清掃は月謝を払っている側の道場生がやるのが当然と考えるのは、師匠という立場を悪用し、無償労働を強いているとしか思えません。私のような80's世代で、そう考える人間がいるということに、読者のあなたはジェネレーションギャップを感じるでしょうか。これからあなたが集めていきたいと考えている道場生の多くは、当然、私よりも下の世代だと思います。私以上にジェネレーションギャップを感じることが多く出て、その度に悩むことになるかと思います。まず、生徒に掃除をさせることをやめて、心の準備運動をしましょう。

また、掃除が教育というのならば、そうした教育は間違いなく学校でも、家庭でもできるようなことであって、わざわざ道場が数分、数十分も使ってやるようなことではありません。「私の若い頃は…」と昭和時代に受けた教育を事例として持ち出したくなるかもしれませんが、もう既に過去は過去。現代では通用しません。一昔前は運動中に水を飲むことは体に悪いと考えていた指導者が多かったものですが、今となってはそれは真逆。それと同じようなもので、過去に受けた教育の大半は通用しません。私達、武道指導者は武道に専念すべきです。

道場生に掃除をさせないことで得られるメリットは多々あります。

- **コロナ対策が取りやすい**
- **タイムテーブルが組みやすい**
- **小中高生に不満を持たせない**

これらは後々の項で説明していきたいと思いますが、現代の道場経営で言えることは、私達は武道から儒教を切り離すべきということです。そろそろ、私達はこの武という技術を残していこうとすることを真剣に考えなくてはなりません。少なくとも、今も昔も変わらない部分は、人が人に伝えるということです。その〝伝えられる側の人〟がいなければ何の意味もありません。前時代的な上下関係の風習などは、武の技術とは全く関係ないはずです。

儒教では上下関係を重んじます。その目的は、社会秩序を維持し、社会を安定させることにありました。武道道場においても秩序安定のために、上下関係に重きを置き、指導者や先輩の意見には絶対服従であるという風潮があります。実際に武道の世界では、子供を指導することに関して〝上下関係を覚える〟ことをキャッチコピーにしている道場もあるくらいです。そして、それを道徳と呼んでいるという始末です。

時代は変わり、社会も大きく変わりました。終身雇用制度は日本社会からほぼなくなり、年功序列という概念はなくなりました。企業は派遣社員という制度を採用し、必要な時だけ、必要な人員を集め、必要がなくなれば派遣契約を解消するということが当たり前となりました。また、それに伴って労働者側にもよいことはあります。雇用者（企業）に対して忠誠心を抱く必要はなく、一つの会社の価値観に縛られることなく、自分の生きたいように自由に生きる権利を得ることができます。そんな現状ですから、絶対服従とでもいえるような前時代の上下関係は現代には必要ありません。

武道関係者の教える上下関係は、現代の社会的背景にマッチしていない場合が多くあります。その事実を私達は理解していく必要があり、消費者の生活背景に合わせた教育サービスを提供していく必要があることは言うまでもありません。

私達は、まず「子供達に上下関係を教育します」と古い道徳を教えようとする前に、〝上下関係とは何か〝、〝この時代の道徳とは何か〟と自分自身に問うていく必要があります。

〝武道の世界はこうでなくてはならない〟という考え方は、道場経営においてあらゆるトラブルの元凶になることは言うまでもありません。

近年ではパワハラなどが問題になっています。これに関しては、武道の世界などは無縁であるとは言い切れません。令和元年5月29日にパワハラ防止法が参院本会議で可決されました。パワハラとはそもそも何か。厚労省では、このように定義しています。

「優越的な関係を背景にした言動で、業務上必要な範囲を超えたもので、労働者の就業環境が害されること」

その上で、パワハラ防止策をとることを企業に義務づける。従わない企業には、厚生労働省が改善を求める。それにも応じなければ、厚労省が企業名を公表する場合もある。

実は武道や格闘技の業界はパワハラの温床になっているともいえます。もっと拡大的にいえば、武道、格闘技だけでなくスポーツ全般がその傾向があるのかもしれません。体育会系独特の絶対服従的上下関係がそのような状況を生んでしまうのでしょう。

また、そのような武道独特の価値観は、指導員に対し過剰な労働を強いることにもなります。NPO法人のような非営利形態をとり、あくまでボランティアで地域のためにという趣旨ならば賃金を払わずに指導をお願いするという形は悪くないとは思います。

しかし、あくまで生徒から月謝を頂き、生計を立てられるような収入を得ているとなると当然、営利活動と見做されますし、指導は業務に当たります。他人を指導員に任命し、その指導という業務を任せる以上は、やはり賃金は支払って然るべきではないかと私は個人的に思うのです。ですので、私の総合空手道武禅館は、指導員をアルバイトとして雇い、指導員給与を支払っています。賃金が発生することで指導に対する責任感やモチベーションも上がっていくので良い効果があります。恐らく、そのような形態をとっている個人の空手道場は非常に少なく、希有な存在ではないかと思います。

しかし、武道の世界はそうした指導員給与の発生の有無問題以上に、師や先輩に対して過剰な気遣いをしなければならないという風潮があります。

指導者や先輩に「やれ」と言われればやらなければならない。そんな風潮が色濃く残っている団体もあり、団体の長が県外へ来賓や審判で呼ばれる時には、弟子でもある指導員が運転手を無給で務めなければならないという、何とも不可思議なルールがありました。

たしかに線引きが難しい問題ではありますが、あくまで運転をやれと命令している以上は、業務をお願いしていると見て間違いないでしょう。単純な師匠と弟子という関係性であれば、お互いに運転を交代し目的地に向かうというのが、一般社会の感覚でいえば普通です。師匠の方が年齢的に上で、体力的な要因から安全を考慮して、弟子の方が運転をするというのはあり得る事例だとは思いますが、優位的な立場を利用して、「やれ」と命令している以上は間違いなく業務に当たると考えます。

本書を手にしているあなたも、少なからずこのような経験があるのではないでしょうか。これだけならまだ線引きの難しい問題として有耶無耶にできるのかもしれません。しかし、この延長線上にはパワハラがあります。

ここだけの話ですが、私と同地域にある空手道場の支部長を辞めて、私の総合空手道武禅館に移籍入門してきたHさんという人がいます。

今まで無給で毎日、支部長を務め、多くの子供達の指導に努めてきました。時には県外で行われる指導者講習会のために、運転手をさせられることもあったとか。ここまでは、この業界ではよくある話で、「武道の世界ですからね」、「線引きが難しい問題ですね」という言葉だけで片付けられたかもしれません。

しかし、ある日、Hさんが本部道場の掃除をしていた時に、トイレを詰まらせてしまう出来事がありました。その旨を道場長に伝えると、ひどく叱責された挙句、顔を殴られ、前歯を折られてしまったそうです。「俺は社長で、お前は従業員だぞ。」と叱責を受けたそうです。無給なので、社長と従業員の関係性ではないのですが、その道場長は〝タダで使える従業員〟として考えていたように思えます。

それをキッカケに、Hさんはその道場をやめ、私の道場に移ってきたのです。うちに稽古に来る度、まるでダムが崩壊したかのような激しい愚痴をよく聞きました。典型的なパワハラです。ある意味で暴行事件といってもよいでしょう。

何かしらのキッカケでその愚痴が始まると、かなりの時間を奪われてしまうので困ったものです。パワハラはもちろんですが、この武道業界の悪しき慣習がエスカレートすると、このような問題を生み出して、関係のない人間にまで迷惑をかけてしまうのです。

また、生徒への叱責も過剰な場合があります。

生徒がミスをしたら、襟首を掴んで脅したり、下手すれば叩く、蹴るなどの暴力をもって叱責する。そして、言い諭すわけでもなく、ただ「根性が足りん」の一言で片づけてしまう。

そんな道場が当たり前にあります。現に私も大会などで、負けた選手に指導者が頭をはたきながら叱責する姿をよく目撃していますし、他道場から私の道場である武禅館に移籍した人達から話をよく聞いています。

それを実質的に従業員である指導員だけでなく、月謝をもらっている生徒にも平気で行っているので最悪な環境ともいえます。ここのところ、コロナの影響であまり特集は組まれなくなりましたが、相撲、柔道、ボクシングなどはもちろん、あらゆるスポーツ業界におけるハラスメントが問題になりましたね。

もちろん全ての道場がそうだと言ってはいません。でも、少なくとも、私は、その現場をよく目撃しているのです。それは私が今生きている空手の世界の話だけでなく、合気道を学んでいた時も、指導者同士の上下関係を基とした陰湿なイジメを目撃したこともあります。運良くそうした問題を目撃していない方もいるかもしれませんが、やはり、古い慣習が続く、この武道の世界ですから、何かしらの問題が起きる要因はあるのかもしれません。ただ、思うのは、五輪に参加するような組織がある武道は、あらゆる諸問題を解決、または未然に防ぐ仕組みが整っていることを強く感じました。私は、「究極の戦いの場で活躍できる最も実戦的な空手を作りたい」「いつか日本武道の技を用いて総合格闘技の現場で戦いたい」という思いで、あらゆるジャンルの武道を彷徨ってきましたが、やはり、五輪種目と認められるために長年努力を重ねてきた組織は仕組みから大きく違うと、カルチャーショックを覚えたことを今でも強く覚えています。

私達、武道業界にある人間は、指導員へのパワハラや生徒への体罰などの問題を〝よくある話〟と片づけてしまうことがあります。こうした一般的な感覚では、明らかに事件であるにも関わらず、「武道の世界だからね」という言葉でまかり通ってしまうことがあります。そして、「私が若い頃はそういう事は当たり前だよ」という前時代の体験談を判断基準に片づけられてしまうことが多いのです。何度も何度もその言葉を聞き、呆れ果てた覚えは一度や二度ではありません。

なぜ、武道業界だけ、おかしな聖域が存在するのでしょうか。

道場経営者の多くが、一般的なビジネス感覚を持っておらず、閉鎖された世界で生きているからこそ起きるのだと私は確信しています。私達はまず前時代の古い価値観を捨てるべきです。そして、〝これから先の時代の道場の在り方〟に変わるべきです。

現代はあらゆる業界のサービスが向上し切った時代。また、実社会での縦社会は崩壊し、生徒も素直に指導者の指示に従わないようになってきている時代です。当然、そんな時代には卓越した指導力が必要になります。

以前、某空手団体の地方大会を観戦したことがあったのですが、子供選手の保護者達が通路や控え室などにゴザを敷いて陣取り、選手がウォームアップをするスペースすらなく、通行も満足にできず、多くの生徒や保護者達からクレームが飛び交うという事態が起きていました。

一昔前ならば、指導者が一声発すれば、皆が注意するという状況が容易に作れたはずです。それは国民の多くに、〝目上の言うことは絶対〟という無自覚的な認識があったのにも加え、指導者は無条件で尊敬されていたからです。全体が指導者の言いつけを守るのはそうした前提条件が必要になります。

しかし、現代はそうした前提条件がありません。指導者が現代において、指示を十分に行き渡らせるには卓越した指導力はもちろんのこと、仕組み作りなど卓越した運営能力も必要になります。この先、生き残るのは、いわゆるプロフェッショナル。道場経営者は段々と片手間でできないような状況になってきました。

私はこういう前時代の価値観を未だに引きずっている指導者の下で育った子供達の将来が心配でなりません。パワハラや体罰を目の当たりにしても、「それも時には必要である」と納得をしてしまい、それは思考を巡らせることなく、感覚的に意見を持ってしまうのです。そして、それでも耐え忍ぶこと、我慢することが善と思い込んでしまうのです。

これからの時代は、上下関係、我慢や耐え忍ぶ力が必要ではありません。より優れた教育サービスになるよう努力する姿を見せ、その努力の対価として金銭を稼ぐ。そして次、そして次と目標計画を立て、実行し、結果を出し、成功する姿を見せる。競技者として活動しない人は、経営者としてのサクセスストーリーを生徒達に生で見せることこそ重要な教育だと私は考えています。

そもそも「お金稼ぎは卑しい」という考え方は、江戸時代に構築した幕府安定のための仕組みでしかありません。参勤交代などで地方財政を疲弊させて反乱させる力を失わせる。そのために、武士は食わねど高楊枝といったような、貧しさに耐えることが美徳とされ、商人などのお金を扱う身分は卑しい層であるという価値観を植え付けていったのです。

また、商人は商人でいかに稼いでも質素倹約を装い、資財をどんどん貯め込んでいくことが美徳とされ、平成の時代も、昭和生まれ世代の多くの人々はその価値観を引きずっていました。

平成31年1月にZOZO代表取締役社長の前澤氏が、ツイッター上で、前澤氏のフォローの上でツイートをリツイートした100名に100万円、総額1億円のお年玉として現金プレゼントをする企画を発表しました。これに対し、一部では「ばらまきだ！」という批判が寄せられたのです。そもそも、自分

のお金をばらまいて何がいけないのか理解に苦しみます。

ここまでの経済人が自分のお金を貯め込もうとせず、多くの人にプレゼントをすること自体素晴らしいことです。莫大な資産を貯め込むことこそ、日本にとって害悪でしかないことは一目瞭然なはずなのですが、前時代の価値観を引きずる人達は、これらの企画を罵ります。お金持ちはどんどんばらまいて頂かないと、私庶民は潤いません。資本主義社会における経済の仕組みは、シャンパンタワーのようなものなのです。

私達、教育に従事する人間は、こうした社会の仕組みを円滑にする人材を育てる義務があります。前時代の古い価値観や、嫉妬心を軸にした教えを子供達に施してはなりません。

特に私達の武道観は、この前時代、いや前々時代よりも昔、400年以上前の価値観を残しています。何だかんだ言っても、武道教育を受けていた子供達はいつのご時世も多いもの。人気習い事の一つです。そうしたところで育った子供達が世の中に出るから、「金儲けは悪」という風潮が蔓延り、日本からAppleのような企業が生まれないのです。この国の諸悪の根源は私達、武道教育者にも一因があることを強く心に留めておいた方がよいです。この国の教育の一つを担っている自覚を持って下さい。

これからの時代に必要なのは、悪い慣習は改善していく、現状を打破し、より良いものを構築し、この国を、この社会を発展、繁栄させていく力です。どんどんお金を稼いで、この国を発展、繁栄させていこうとする力こそ必要なのです。

〝我慢〟という前時代的発想で歯車を育てるのではなく、明日のリーダーになる資質を生徒に与えてこそ、武道道場の現代的価値があるというものです。

時代は動いています。

まずは子供クラス（少年部）の生徒に掃除をさせない。

人作りのために、そこから動いてみてはどうですか？

2 更新可能なマナー、ルールを定める

子供クラスに通う道場生に掃除をさせないなどと書くと、〝自由主義者〟か〝無法状態を容認している〟と捉えられがちです。私は現代の価値観に合わせているだけで、決してルールやマナーが存在しないわけではありません。むしろ、私は人一倍と言っていいほど、ルールやマナーにはうるさい方です。

子供達が人の悪口の芽になる言葉を発しようものなら、すかさず、私は注意し「帰っていいよ」と伝

えます。また、一生懸命稽古している生徒にちょっかいを出して邪魔をしようとする人間に対しても「帰っていいよ」と平気で伝えます。実際に帰った生徒は皆無ですが、私はそれでもいいと思っています。ただし、「帰れ」と命令し実際に帰らせるのでなく、自己判断に任せることがマイルールではありますが、帰りたければ帰っていい、やりたくなければやらなくてもいい、と思っているのが本音です。そのように考えている生徒に力を注ぐ時間はもったいないからです。

過去の文献を多く見ると、一昔前、昭和から平成前期までの間は不良少年の更生というのが社会全体の教育テーマだったようにも思います。学校共同体単位の教育で考えると、クラス皆で力を合わせてというモットーについて行けず、非行に走ってしまった不良少年をいかに更正させ、コミュニケーション能力、学力など、あらゆる力を平均値に戻すことを是としていました。そして、いわゆる優良生徒も、そうした教育モットーを受け入れていた風潮があります。放送される学園ドラマも、教師と少年達の激しい交流を経て不良少年の更生劇に感動を呼ぶというお決まりの設定でした。私は少年時代(平成中期)、こうしたドラマを再放送で見て、興ざめといいますか、「優良生徒がかわいそうだな」、「学校では物足りなくなるわけだ」という感想を覚えたのを未だに覚えています。

なぜ、今現在、学校の勉強や学習では足りなくなっているのか。それはこうした、生徒達をあらゆる面で平均化しようとすることが学校教育の目的のまま、時代が変わっても変化していないからです。優秀な生徒は落ちこぼれと平均を取らされるので、これ以上の成長、進歩を経験することができず、せっかくの才能が伸びていかない。これは本人にとってだけではなく、国にとっても由々しき問題です。だからこそ、今現在、学習塾など多くの一次教育産業が発展を遂げています。平成中期には〝塾通いで自分の時間がなくなる子供〟が社会全体に溢れ、それもまた学校教育の歪みとして指摘された次第です。

私自身もその時代を生きたので、自分の道場は平均化を図らないように意識しています。特に私達のような武道経営者はこの背景を知っておかなければ、道場生、その保護者の満足は得られず、サービスとして成り立ちません。なぜなら、私達のような二次教育産業は学校のような義務強制力や、学習塾のような自覚的、または非自覚的社会強制力が働いているわけではありません。あくまで〝好きな奴らが来る〟という状況の下成り立っています。中には子供の身体的虚弱、精神的虚弱を心配して、親が無理矢理連れてくるというケースもありますが、それは〝親が〟好きで連れてくるわけです。決して、必要教育ではありません。また、人によって入門時期も違いますし、経験年数も同様。そうした道場の背景を考えれば、〝平等〟という言葉の下、平均化を図ることは間違いであると分かります。

しかし、武道経営をされている方は、多くの場合、過去の教育モットーを引きずっています。「学校教育でも更正できなかった不良少年は、道場で更正させる」、「不良にならない子供を育てる」という意思を持っている方が非常に多いのです。

これは明らかな空回りといえます。「不良少年を更生させるんだ」と強く息巻いても、もう既にこの日本社会には〝あなたの考える不良少年〟は存在しないからです。「いや、半グレなどが報道に出ているではないか」と反論が来そうですが、ああいう人達はもう既に不良の域を越えています。違法、脱法ドラッグの売買に手を染めてしまったり、その販売圏を巡っての抗争など、本書では書けないような違法行為を多く繰り返しています。こうした半グレは平成中後期ほどに勢いを加速させ今に至ります。これがもう既に不良少年は存在しないという理由です。多くの道場経営者はこうした問題に対処できる知識、更正プログラムを体系化して学んでおりませんし、各種専門家の力を借りることができる状況でもありません。現在の半グレと呼ばれる人達を更正させるには、更正機関に頼るか、専門家や政治家の力を借りて新たな更正機関を立ち上げる以外にありません。「どの役割を道場で」などと生半可な知識と覚悟でこなせるような問題ではないのです。

また、現在では不良の定義というものは存在しません。誰もがネット上で誰かを攻撃し、誰もが匿名で他人に危害を及ぼしたり、迷惑行為を行うことができる世の中になりました。ＳＮＳでの行動が知らず知らずのうちに人を傷付けてしまうこともあります。しかも、そうした問題は表面上に出ないため、自分の子供がまさか当事者であると自覚する保護者はいないものです。当然ながらターゲットのパイが小さく、ビジネスとして成り立たせるのは非常に困難であるかと考えられます。

私の場合は、元々、23歳の頃にＩＴで独立起業をし、事業変更して今に至るので、このネット上でのやり取りに多少の見識はあって芽を摘むくらいならできますが、やはり更正というのをテーマには掲げることはできません。やはり、こうした〝心〟を動かす問題は、プロに任せるべきだと考えており、私自身はそうした諸問題の芽となりそうな発言や行動の芽を摘んでいくことだけに集中しております。

ですから、私達のような二次教育産業に従事する人は、平等であることよりも、公平であることに意識するべきです。平等は不満足を生み、公平は脱落者を生みますが、少なくとも私達は「学校教育では不満足である」と考える層から選択されているという前提条件を忘れさえしなければ、ニーズとサービスのすれ違いは起きずに済むかと思います。道場経営をしても生徒が集まらず、失敗に終わってしまっているのは、そもそも自身の想定するターゲットとサービスが、実際のニーズの前提条件と大きくかけ離れてしまっていることにあります。

私達、武道業界にいる人間は、間違いなく正義感があると思います。こんな社会になったらいいのに、こんな人が増えたら皆幸せなのに、そんな思いが多々あるかと思います。ただ、問題なのは、〝伝統〟、〝古流〟という言葉を背負って生きているわけですから、間違いなく考え方が古くなっていってしまうのは仕方がないことです。ついつい〝古いもの＝よいもの〟と無自覚的に捉えてしまう傾向にあります。ノスタルジックになって、「昭和の頃はよかったのに」という言葉をつぶやいてしまうこともあるでしょう。たしかに、楽しかった古い思い出はよい思い出です。しかし、よい時代であったかと言えば別の話です。どの時代にも、それぞれの時代に問題があります。そうした時代毎の問題に合わせた、正義の尺度を更新していくことが必要です。私達はそうした更新を怠たらず、常に正義と向き合う必要があります。正義の反対は、もう一つの正義という言葉もありますが、その考え自体も正義と捉えておくと気が楽なのではないでしょうか。

道場でのルール、マナーも同様に時代と共に更新をしなければなりません。コロナ禍における咳エチケットと呼ばれるものも一つの更新されたマナーです。今となっては人前で咳やくしゃみをする際に、マスク、袖やハンカチなどで覆うなどのエチケットをしないことなんて、顰蹙《ひんしゅく》ものです。やはり街に出て、咳やくしゃみの音が聞こえると、その張本人がきちんとマスクをつけているか確認してしまいます。不安だからです。

私はコロナ禍の前から、顔を隠す目的と花粉症のため、よくマスクを付けていました。その頃から、人前でくしゃみをする際に口を覆わない人を見るとだらしないなと思っていたことがあります。コロナ禍の前からずっと、くしゃみをすると2メートルほど飛沫が飛び、ウイルスも飛ぶということは知られていたわけですから。それでも昭和、平成の頃は「ウエックシュッッ…！」とくしゃみをするギャグが存在していたのですから、それのどこが面白いのか子供の頃は全く理解ができませんでした。ただ汚くて不快なだけなのに。なぜ公衆に曝け出すギャグとして成立するのか、面白さが理解できませんでした。出物腫れ物所嫌わずという諺もありますが。少なくとも、このギャグが横行していた時代と、今のコロナ禍の時代とではマナーも更新されていますし、コロナ禍が過ぎた時代もきっとそうなのでしょう。よりウイルスなど感染症に対する知識も豊富になり、また未知の病原体も増えてくるかとは思いますので、よりマナーが厳しくなっているのかもしれません。

考えてみると、江戸時代などの武士の時代にも同様のマナーは存在しました。葉隠にこんな一文があります。

【原文】
人中にて欠伸仕り候事、不嗜なる事にて候。不圖欠伸出で候時は、額を撫で上げ候へば止み申し候。さなくば舌にて脣をねぶり口を開かず、又襟の内袖をかけ、手を當てなどして、知れぬ様に仕るべき事に候。くさめも同然にて候。

【現代訳】
人前であくびをする事は礼を嗜んでない表れである。ふとあくびをしてしまったときは、額を撫で上げたりすれば止まるもの。それでも止まらなければ、舌で唇の裏を舐めながら口を閉じ、または、襟の内袖で隠したり、手を当てたりして、人に知られぬようにすべきである。くしゃみもまた同じである。

江戸時代では武士の間で、こうしたマナーが存在していたわけです。武士の時代が終わり、出物腫れ物所嫌わずという諺が横行した時代でも、やはり紳士のマナーとしては存在していました。それが一般的なマナーとなり、今のコロナ禍ではほぼ無自覚的強制力を孕んだマナーとなっています。時代の流れと共にこうしてマナーは更新されていきます。

例えば、私の道場では質問をよしとしています。古い道場では稽古中、先生に質問をすることは失礼とされています。私自身もそのように教えられ、育った覚えはあります。しかし、現代ではどうでしょうか。学校では「先生に質問をすることはよいことだ」と言われ、それが学習に繋がるよい行動だと教えられます。しかし、反面、質問をする内容、タイミング、重要性など様々な空気を読まなければ、教師の授業進行の妨げになりますし、周囲の集中力を途切れさせ、学習意欲を削ぐ結果となります。これは的外れな意見を言ったり、教師や周囲が理解することができない言語抽象度の高い本質的な質問をしたとしても同じ現象が起こります。ここで質問した子供を責めれば、当然、その子供の学習意欲は削がれてしまうことでしょう。全体主義を取るのか、個人主義をとるのか悩ましい教育の矛盾です。

私が本書で提案したいのは、まず「返事」について。

武道の世界では師匠に対する返事が重要視される傾向があります。明治以降に生まれた武道ほどその傾向が強いのではないかと考えています。指導者が教える度、発言する度に、生徒は全てを肯定するかの如く、「ハイッ!!」と大きな声で、皆で合わせて返事をします。私は子供の頃、こうした返事について苦手だなと思っていたタイプなので、私の武禅館では返事を強制することはありません。大した理解もしていなくても、「ハイッ!」と言って、とりあえず皆と合わせていれば何とかなる、そんな状況を作り出したくないのです。しかし、道場がパーソナルトレーニングなどの形態でもとらない限り、少なくとも全体の中に生きている個人であり、社会自体もそうでしかないのが現実です。だから私は、全体の中にいても個を失わないためのトレーニングの場としての武禅館だと思っています。なぜなら、社会を作るのは強い個であるからです。ただし、全体に後押し、応援される強い個でなくてはならないから武道があると思っています。

「理解していないなら〝ハイ〟と言わない」

まず、それが最低限度のルール、マナーとして定めています。そうすれば、「ハイッ！」という大きな声に質問をする機会を潰されなくて済みます。的外れな質問ならば、その場で正します。反対にそれが周囲に理解できなくても本質を捉えているならば肯定し、周囲に解説し、答えを出し、その子を褒めます。

あなたの道場が、全体主義を取るのか、個人主義を取るのか、選択して下さい。それによって返事のルールが変わります。全体と個人がせめぎ合う現代では、どちらにもニーズがあると私は考えています。ただ、若干、時代が進むにつれて個人主義の思考を持っている人間の方が保護者世代には多いとは思います。考え方が変わったのならば更新すればよいだけの話です。自分の身の丈に合ったルールを考えてみましょう。

3 武道に求めるニーズとは何か

一昔前は「喧嘩に強くなりたい」と思って入門する人が多かったけど、今はそんなニーズは存在しな

いと思っている道場経営者が多くみえます。それは間違いです。人が人であり、生物である以上、「強くなりたい」という欲求は生まれ持ったものです。

少年少女時代は多くが〝強さ〟に憧れています。その憧れの表れとして、アンパンマン、戦隊物ヒーロー、仮面ライダー、プリキュアなど未だに格闘シーンで敵を圧倒します。多くの人は強さを諦めているだけというのが本音です。社会的地位という代替品を手に入れたり、加齢による体力低下で強さとはますます縁が遠くなったり、多くの人間が知識を得て、年を追うごとに強さへの憧れは蓋を閉じます。しかし、それでも格闘技中継や映画、ドラマ、アニメなどでその少年少女時代の憧れがひょっこりと表れます。入門するキッカケはそうしたサブカルチャーかもしれません。しかし、〝強さへの憧れ〟という本質は変わることがないことを忘れてはいけません。

ただ違うのは強さに対する表現方法。今のご時世、直接的に「喧嘩が強くなりたい」という人間はちょっとおかしいと思ってしまってしまうのが本音です。私自身も7年くらい前に、道場に「私、○○というフルコンタクト空手をしてまして、喧嘩がしたいんですけど…」と大の大人から電話がかかってきて「気持ち悪い奴だな」と思いました。この〝喧嘩＝悪〟と教育され、言葉を使うこと自体にはばかられる今の時代に、喧嘩をしようと吹っかけてくるのも中二病をこじらせているとしか考えられません。結局、私は喧嘩という名称を使って実行することの法律的解釈、スパーリングや組手だとしても非会員のために誓約書も交わしておらず、お互いが怪我をしてもスポーツ保険がおりないなどのリスク、こちら側に時間というコストをかけてもメリットがないことなど説明し、丁重に断りました。この時代でもおかしな人間はいるものです。私がこう感じるように、「喧嘩が強くなりたい」という表現を使う人はちょっとおかしいと思ってしまうのが時代の流れです。

では、現代では〝強さ〟への欲求を表す時、どう表現するのでしょうか。

「体力、精神共に強くなりたい。」
「いざという時、身を守れるようになりたい。」
「映画、ドラマ、漫画、ゲームなどのサブカルの影響を受けて。」

私の道場にくる子供も大人も入門者は必ず、このように入門理由に書きます。その根底には強さへの憧れ、強さを求めていることに間違いはありません。

そして、現代ではその強さへの欲求は具体的です。昔のブルース・リーやジャッキー・チェンなどの映画が流行した時代のように、謎を秘めた武術、神秘的な武術、得体の知れない武術を求めようとはしていません。なぜなら、現代人は時間がないからです。日本人の就労時間は異常に長い。夫婦は共働きで家事もあり、自分の時間が作れない。子供はコロナ流行における一斉休校の影響で、授業数は長く、そして多くの習い事がある。むしろ、それらのように有用性が定かではないものに時間を割くことができないという背景はあります。面白そう、勉強になりそう、しかし、そこに時間をかける余裕はあるのだろうか。というのが現代人の悩みです。ですので、先にそのジャンルの有用性をネットや動画などで調べ、道場を選ぶ、というのが一般的です。当然、ＷＥＢに弱い道場は選ばれませんし、ＷＥＢに強くて、その稽古体系に合理性と有用性が存在し、オリジナリティに溢れるものでなければ選ばれることはありません。それは古流、伝統、スポーツ競技化した武道であれ同じことが言えます。「柔道、空手などの競技化された武道は人が集まりそうだな」と思われがちですが、ＷＥＢでの発信力に欠け、合理性、有用性に欠けている道場には、大して人は集まりません。５人、６人の道場なんてざらにあります。

合理性と有用性はセットでなければいけません。稽古内容が、技術を習得させるために合理的である必要があります。そして、その技術そのものが、道場生（顧客）が捉える目標値をクリアできる有用性がなければなりません。

例えば、柔道などの競技武道の場合、「国体に出たい」という目標があるのならば、そこに到達できるまでの技術や戦略などを指導できる知識を持ち合わせていなければなりませんし、それらを習得させるための稽古ノウハウを知っていなければなりません。ただ、定められた基本を延々と反復練習するだけの道場では、何のオリジナリティもなく、「その道場でなければならない」という理由にもなりません。

古流武術、古流の流れを汲む武道であっても同じこと。特に一般的ニーズとしては、これらに求めるハードルが高かった時期があった反面、格闘技興行の台頭によって「本当に強いのか」という疑問符をつけられています。例えば、素手で闘争を想定するなら、ボクシングやレスリングなどの格闘競技を学ぶのが早いのかもしれません。しかし、それは競技としてのこと。こと、武器を所持したり、複数の暴漢と立ち向かうとなれば、日本の古流は、その有用性を発揮できるのではないかと考えています。その有用性を論理的に解説し、証明に近いレベルにまで論理を突き詰めなければなりません。

私の道場などは伝統空手競技や総合格闘技（ＭＭＡ）に挑戦する強さを身につけることはもちろんですが、空手本来の対複数戦に力を入れて取り組んでいます。空手の形を深掘りすれば、必ず一対一の闘争を想定にしているはずがないことは容易に想定できます。にも関わらず、一般的な道場ではその解釈を、競技ルールの枠内で行っています。せいぜい行うのは、関節蹴りなどの技術や喉や目付きなど一対一でも想像に難くない禁じ手ばかり。複数の相手と戦う際の独自ノウハウを見出していません。それで本当の空手といえるのでしょうか、というのが私自身が長年思っていたことです。

私は空手の形から、複数戦の基礎を見出しました。玉突きを起こさせる技術、人を盾にする技術、人を武器にする技術、複数を同タイミングで処理する際の立ち位置…などオリジナリティある技術を習得する独自の稽古体系があります。また、それらは〝複数組手〟という方法で昇段試験を行います。１人で3人を制圧する。そうして黒帯を取った成人が7人、中学生が1人、小学生が1人、実動現会員が300人以上いて、今まで500人ほどが在籍した道場にしては黒帯到達率は低い気もしますが、本当に道場生が求めるニーズに到達できるようプログラムを組んでありまず。武禅館では素手の究極とも言える総合格闘技（MMA）や犯罪被害の究極とも言える一対複数で戦う力を養うことができます。昭和の人が考える古き良き空手を身につけることはできませんが、競技化する前の本来の武術空手を追求しようとしています。そうすることで、「イジメに打ち勝つ力が身につく」とテーマを掲げることもできますし、武禅館を卒業した黒帯取得者の中には、人を守るという夢が芽生え、自衛官や警察官の試験を受ける者もいるくらいです。

現代人のニーズを掴むには…

- **競技での入賞数**
- **いじめの防止、抑止**
- **護身、防犯**
- **フィットネス**
- **メンタルヘルス**

など、強くなりたいという欲求を具体的に変容させたキャッチコピーと、それを裏付ける何かが必要なのです。

4 武道の価値を説明できる人になる

根性って何ですか？

武道とはいわゆるメンタルトレーニングの一種ですか？　違いますよね？

根性、根性とばかり言っていたら、世の中から〝オワコン〟扱いされておしまいです。オワコンとは、〝終わったコンテンツ〟、〝見向きもされないコンテンツ〟という意味です。武道の価値は、「根性がつく」ということではありません。

あなたは安易に自分の道場のキャッチコピーに〝礼儀の習得〟だとか〝しつけ〟だとか謳っていませんか。そんなことは目的ではないはずです。マナー講師に任せればいいのです。あなたの武道はそんなに安いものではないはずです。

私達、武道指導者は物心ついた時から、この道に生きてきました。そこに疑問の余地はありませんでした。必要も何も、この武道という神聖な慣わしに必要だ、不必要だという疑問をぶつけることも失礼なのではないかと思ってしまいます。

しかし、その〝神聖である〟という価値観に根拠はありません。

「なぜ、神聖であるのか」という説明が付けられない限り、根拠のない価値観としか呼べず、むしろ私はそこに〝疑問を挟むべき〟だと思うのです。

子供達の「武道って必要なの？」。

一般の人の「武道って無意味でしょ」。

こんな疑問と向き合うことは、あなたの経営理念を根拠付け、あなたの武道観をより向上させるものとなるのでしょう。

あなたのやっている武道は本当に必要なものなのですか？

ぜひ、一度この疑問を受け入れて、考えてみてください。

私の考え方を少し述べさせて頂きます。

私は「武は社会問題を解決できる」と信じています。そして、私は自分の人生経験から、イジメ解決と予防、努力習慣の改善を提供しています。それは、心のコントロールによって成り立つものだと思っています。私にとって空手とは〝心のコントロール〟を習得することでもあるといえます。

過去、武を極めた者を〝聖〟の呼び名を付けて敬う習慣がありました。例えば、剣聖柳生石舟斎などの呼び名は歴史小説などでもよく出てくる通りです。

〝聖〟という文字は〝ひじり〟と読みます。その由来は、聖は〝己が非を知るから〟といわれます。

私は空手修行は強さを追求することによって、それぞれの過程の中で己が非を知ることにあると考えています。

「自分にはこんなに至らないところがあったんだ！」という気付きから、「自分にはまだまだ足らないところがある」という反省が生まれる。そして「強さには限界がある」という悟りに至ります。しかし、それでも無限に可能性が広がり、無限に道は伸びている、そういう矛盾に気付きます。

その矛盾への気付きこそが、〝空（くう）〟の片鱗を見た証です。

仏教では〝空（くう）〟という言葉が存在し、それは〝有〟と〝無〟を包摂する上位概念と言われます。

物理学には〝超ひも理論〟というのが存在します。物体をより電子、原子…とより小さくしていくと〝ひも〟と呼ばれるものが存在します。物体が存在している有の状態では〝ひも〟が振動している。しかし、真空の状態では〝ひも〟は振動せず、無を作り出しています。

真空で無の状態にも関わらず、〝ひも〟という存在は有る。無は無とは言い切れず、無は有でもない。

それを仏教では〝空（くう）〟として説かれています。

私にとって空手とはその〝空（くう）〟を知る道。古来、琉球では〝手〟という文字は、武術としての意味もありました。

「手を以て空を知る」

それが空手修行の一番の目的であると私は考えています。

〝空（くう）〟を知れば、この世には正義も悪もないことに気付きます。

仮に、正義という言葉が存在するとすれば、悪と世に言われるものは、もう一つの正義であるということに気付くでしょう。そうした気付きが生まれれば、どちらが正しいかという論争にも至りません。

もしも、世界中の人達がこの〝空（くう）〟に気付くことができたなら、宗教上のドグマも乗り越えて平和な世が生まれてくるのではないかと思います。

空手という身一つで行う武術には限界があります。しかし、私にとって空手とはこうした無限の可能性を秘めているのです。これが、私の理念でもある「社会問題を解決」という部分の根拠です。

あなたの経営理念の根拠。「礼儀が身に付く」や「気概が身に付く」という具体的発想ではなく、私のようにより抽象度を向上させて考えてみてください。きっと、あなたの理念と武道観を、より強固にしてくれます。そして、「なぜ武道が必要なの」という問いにも、矛盾なく正々堂々と答えることができ、あなたの武道家としての信頼度は向上できるでしょう。

武道家として信頼されることが、道場経営成功の鍵です。

第3章

お金が回る道場経営の柱造り

1 最終目標を定め、経営指針を持つべし

道場経営するということは航海に出るようなものです。法人にしろ、個人事業主にしろ、あなたの道場は小さな船のようなものです。

さて、あなたはどこを目指して航海をしていますか。どの航路を行けば最終目標にたどり着けるか分かっていますか。恐らく、辿るべき航路すらも見えておらず、どの方向を、どのように進めば最終目標に辿り着くのか分かっていないのだと思います。だからこそ、本書を手に取ってくれたのだと思います。航路が見えないのは、理由があります。それは羅針盤（コンパス）を持っていないからです。

（図1）

目標を立て、成功を目指して挑戦していくというのは、本当に大海原に航海をしているのと同じです。その船の大小は問いません。豪華客船なのか、小さな筏なのかは分かりません。ただ、言えることは、この大海原にとっては、どんな大きな船も、小さな船も全く一緒。海にとってはいずれも小さい存在でしかありません。

そんな大海原を航海する時、必要となるのはコンパスです。

目指すべき方角が分からなければ、ただただ同じ景色が広がり、どこに島があるのか肉眼で見つけることは難しいものですから、ただただ彷徨っているだけで命が潰《つい》えてしまう可能性があります。

コンパスを持ち、航路が分かれば、運任せで島に辿り着くよりも、はるかに少ないリスクで済ませ

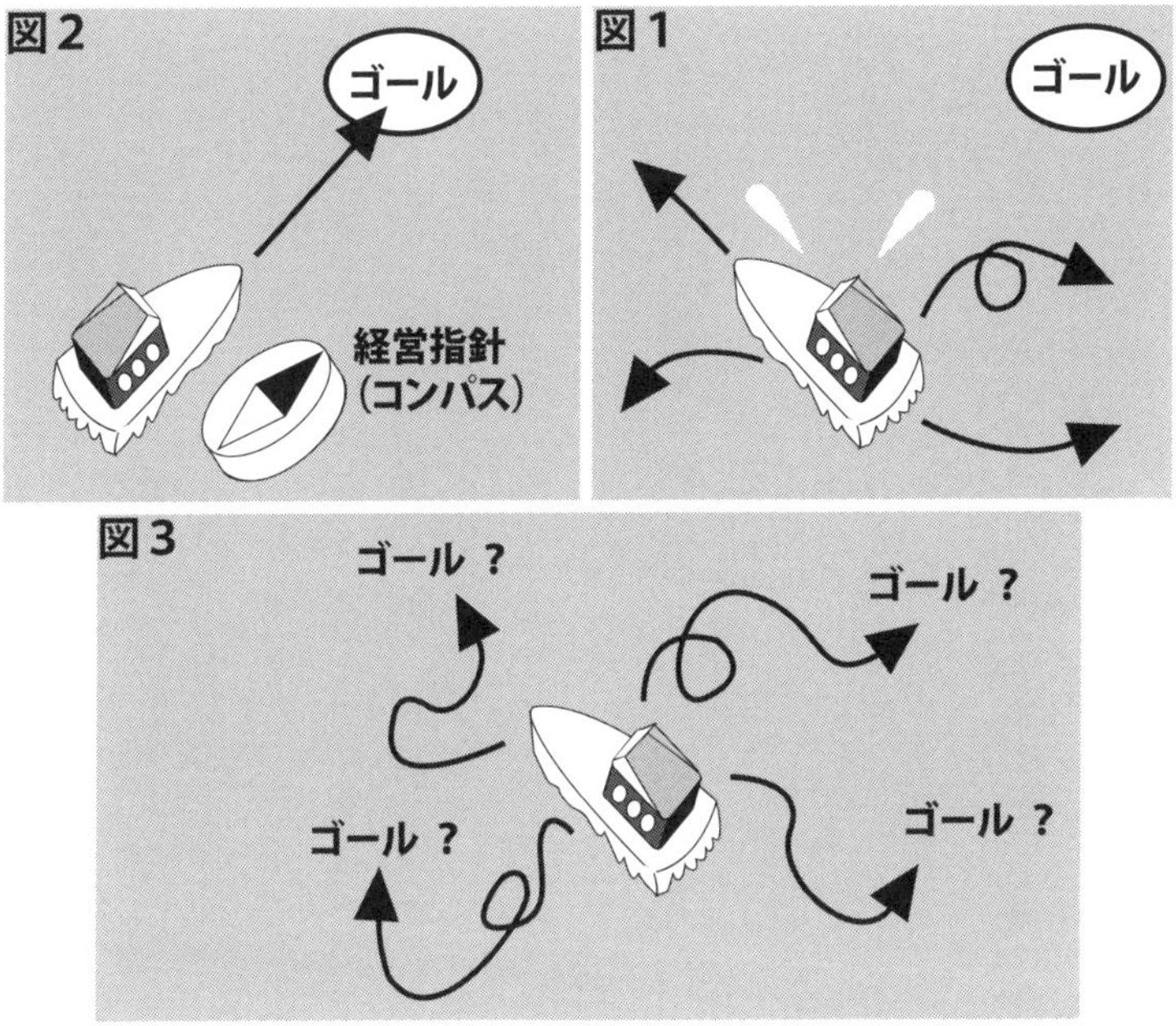

ることができます。ほぼ不確実性を帯びていた航海を確実なものに変えることができます。（図2）

道場経営も同じです。方向性を見失い、ブームの度にその場しのぎを繰り返すだけの道場経営では、時間や資金などの犠牲を払い、廃業という結末を迎えてしまいかねません。それでは教育業としての意味がありません。

また、目指すべき最終ゴールがなければ、何のために、この大海原に航海に出たのか意味も分からなくなります。ただ何となく商売をするだけで、生き延びることができるほど、経営は甘いものではありません。（図3）

特に私は道場経営者としてのサクセスストーリーを生徒達に生で見せることこそ重要な教育だと考えています。この道場で武道を一生懸命やった先の将来、どんな良いことが起こるのかを道場生に見せることができ、その道筋を作っていくのは自分なのですから、自分の人生をより幸せにしなければなりませんし、必ず、道場経営を成功させなければなりません。

最終目標を定め、さらに目標を再分割して小さなステップを作り出して、達成のために行動し、多くの人が集まり、多くの金銭を得て、また一段と大きな目標を立てて、実行を繰り返していく。そんなポジティブな姿勢が、多くの人々に夢と目標を与え、意欲を与えます。指導者の熱意は周りにいる人に伝搬していくものです。指導者自身が「この程度でいい」なんて言葉を発していたら、当然、周りにいる生徒達も意欲を失っていくものです。

自分自身は大して目標もないのに、生徒達には「目標を持て」「意欲を出せ」「挑戦しろ」なんて発信しても、自分自身が目標に向かって挑戦していなければ、何の効果も発揮しませんし、説得力は皆無です。それこそ、明確な目標数値がない二次教育産業の中にある武道教育だからこそ、自分自身が目標設定をする姿勢というものが大切になります。

「自分自身で目標を決める力を養う」

それでこそ、武道教育という意味があるのではないでしょうか。指示待ち人間になってはいけない、自分から動ける人間にならなければ武道の価値はないと思い、私は経営しています。

道場を経営していくには、まず経営指針を決める必要があります。

経営指針全容

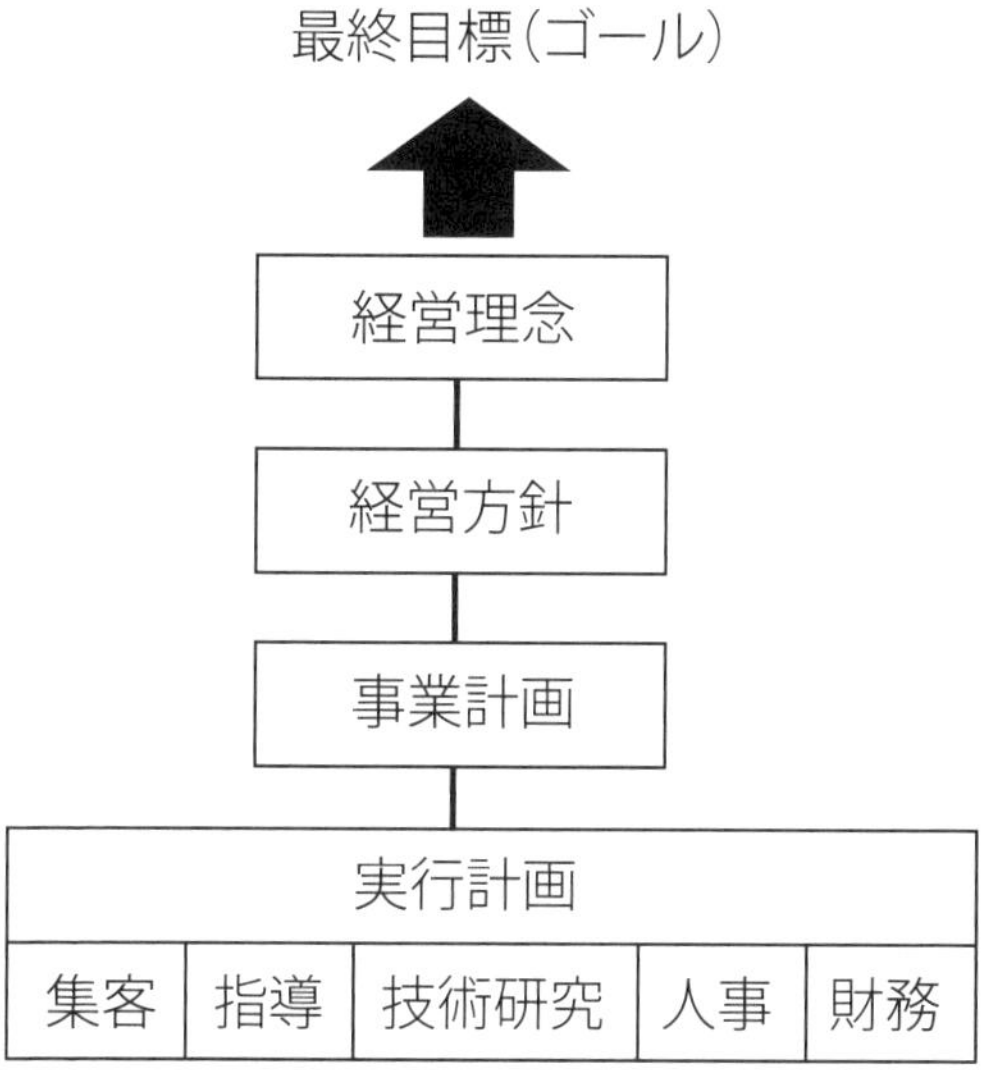

目指すべき最終目標は、具体的でなくてもよいです。むしろ、最終ゴールは具体的でない方がよいかもしれません。「世界平和を実現する」だとか「強い日本を作る」といったような大きく、そして言語抽象度の高い最終目標が、経営指針として向いています。

たとえ、競技武道だとしても「五輪選手を輩出する」だとか「世界チャンピオンを輩出する」といったような事柄を最終目標とするのはよろしくありません。仮にそれを実現した途端、ゴールを見失い、今後どこに進むべきかが分からなくなるのが関の山です。あくまで、五輪選手や世界チャンピオンの輩出は、最終目標達成のための手段、ステップでしかないことを忘れてはいけません。こうしたケースで廃業している道場は、私達が想像している以上に多いものです。見失わないゴール、達成してもしたとは言い切れないゴール、それが最終目標です。

あなたの最終目標（ゴール）は何ですか？

私は〝明日のリーダーを育てる〟という最終目標があります。これは私が道場経営をするにあたっての永遠のテーマともいえます。だからこそ、総合空手道武禅館は〝強さ〟という命題を追い、総合格闘技にも挑戦し、対複数で戦える真の形を追い求めるのです。理想の追求ができるのは、明日のリーダーを育てるという最終目標があるからです。リーダーの資質として強さは必要不可欠です。理想を追求するのがリーダーの役割と捉えるならば、私の理想の空手を追求する姿勢はリンクするはずです。

私の考える空手は、団体や派閥の中だけでルールを決めて、戦い競い合うことが始まりではないはずです。空手の源流である〝手《ティ》〟が発生した頃を考えても、当初の目的は同じ〝手〟の使い手同士で戦って競い合うために生まれたはずではないはずです。

そもそも武術というものは外敵から、国や民を守るために生まれたはずです。

〝手〟以外の使い手と戦うことが前提であったと考えることが自然です。門外不出、他流試合禁止を語る古の流派も当初の目的は、他地域にその武術のノウハウが知れると、戦略、戦術を解明され、国、その国の兵が危うくなる危険性があったためと考えることが妥当です。

正直なところ、同じ空手家同士で戦い覇を競うようになったのは、近年の競技化による影響であると考えます。現代に生きる私達、総合空手道武禅館は、源流に近づき、原点回帰することは現実的にできないとしても、やはり「他流試合」とロマンと理想を捨てたくないと考えています。

だからこそ、武禅館は伝統派空手だけでなく、様々な格闘技をバックボーンとするファイターと戦う機会のある総合格闘技（ＭＭＡ）の舞台に上がることが多くあります。

これによって、伝統派空手８割とフルコンタクト空手２割のミックスのような形で成り立っていた武禅館空手は、合気道、古流柔術、剣術、ボクシングなど様々な武道、格闘技の要素、トレーニング方法を取り入れ、自分達の技術に組み入れ、成長を続けてきました。それは見たことも、想像したこともないような未知の空手、もっとも特徴的でオリジナリティのある空手を作ってきたともいえるのではないかと私は考えています。

しかし、この〝強さ〟というのは、試合競技や闘争におけることだけではありません。人は誰しも〝戦い〟に迫られます。例えば、高校や大学受験、就職試験なども戦いです。あらゆる場面で学力競争に勝ち抜くことも〝戦い〟です。意中の異性と付き合うことも、ライバルとの戦いでもありますし、自分の気持ちを素直に表現したいけど、緊張やコンプレックスが壁になってできないなどの問題を乗り越えようとするのも〝戦い〟です。

そうした戦いの際の力になる。〝空手〟という武道、武術が、自分自身の人格の一部となり、強く戦い抜く力となる。それでこそ〝強い〟空手となります。

そうした抽象度を広げ、〝強さ〟を様々な角度から解釈できる私達の総合空手道武禅館だからこそ、成長し、発展していく度に乗り越えていかなければ戦いに直面します。

まずは、起業した時から、いかに生活ができるレベルまで稼げるようになるかの経営としての戦い、指導員を増やしクラス増設や支部拡大など組織化への戦い、そして、何よりも「この子、学校でいじめられていて…」と様々な問題を抱える子供達と一緒に立ち向かうという戦いがありました。ミクロな立ち位置ながらも、一人一人と寄り添い、様々な社会問題と対峙してきたという自負心は強くあります。こうした一つ一つの積み重ねがあったからこそ、武禅館は強固な経営スタイルを築けてきたのだと考えています。

『明日のリーダーを育てる』

それが私の最終ゴール、最終目標です。
このゴール達成のために、私は道場経営をしていると言っても過言ではありません。
自分にとって最終ゴールは何かを何度も何度も考え、ブラッシュアップしていくことが重要です。最終ゴール、最終目標が決まったら、いよいよ経営指針（コンパス）を作る作業に入ります。

2 道場経営理念の作り方

先ほどの項で述べた最終ゴールは、そのまま経営指針作りにおいて、経営理念を作るステップの礎となります。現実的な強さの追求と、思想との結びつきが特に問われる武道の世界にいるあなたたならなおさら、この経営理念作りの重要性が理解できるかと思います。

通常のビジネスならば、利益追求が社会貢献となり、そうして社員も潤い、幸福のループを作れるように考え抜きます。社員を単に売上げ向上のための手段として捉えず、真のパートナーと捉えることが大前提です。自分自身の日々の行動や言動を振り返り、日々の思考を振り返り、それが本当に社会貢献のためと言えるのか、社員を真のパートナーとして真剣に向き合っているのか、徹底的に悩み抜き、迷い抜き、到達したのが経営理念です。そして、その経営理念こそが旗印となり、大きな結束を生むのです。

小学生や中学生の頃に決めたスローガンのように、「はい！うちの経営理念はこれ！」と思い付きで決めたようなものは理念とは呼びません。

経営理念というものは、経営者の生きる姿勢を確立すると共に、社会的存在を確立する、そして、何よりも社員を自分と同じ土俵に立ってもらえるように成文化し、共有していくことに意味があります。

しかし、道場経営というのは、そうした一般ビジネス的側面を持ちつつも、武道であるため、やはり研鑽を怠ってしまっては、武が武である意味がありません。経営だけに専念し、指導を指導員に完全に任せるという一般ビジネスの路線を辿ってしまえば、それはもはや〝武道家〟と呼ぶことはできません。ある種、頑なに技術を研鑽する職人のようなもの。ただし、武道道場経営者は職人気質を保ちつつも、個人で留まることなく、組織運営を行った上でその気質を維持せねばならないという独特の苦労もあります。

また、道場の経営理念は〝全体〟に浸透できる形にしなければなりません。

ここでいう〝全体〟というのは、道場経営者と指導員だけというのではありません。その道場で修行をする生徒とも共有できなければなりません。一般ビジネスでいえば、顧客と経営理念を共有し、共闘していくという形です。

道場経営は、ここが大きく異なります。例えば、ソフトバンクの孫正義社長の経営理念を社員が共有していても、ユーザーがその経営理念を共有し、理念実現のために携帯電話を契約するという状況はあり得ません。しかし、道場経営は、その一般ビジネスでいう「あり得ない」を実現しなければならない立場にあります。生徒はお客様であると共に、共に戦う仲間でもあると言えるのです。

道場の経営理念は、常に生徒達のロマンを駆り立て、モチベーションを高める形にせねばなりません。誰にでも分かりやすい言葉で、伝えることが大切です。

私の道場、総合空手道武禅館は以下を経営理念としています。


『伝統と革新、創造と復古』
1．場、人を制する強さの追求。
2．社会的課題を解決する強さの追求。
3．強さの定義の追求。

あなたも経営理念を作ってください。理念を作るときに大切なことがあります。それは〝誰のためにやるか〟という視点を欠かさないことです。

利益追求のためだけならば、それは当然、「金の亡者」と罵られて終わりだと思います。私は散々、「お金は卑しい」という考えは捨てるべきだと表現してきましたが、お金のためだけに空手を利用する、という考え方には異論を示します。

利益追求は事業を営む者の絶対義務です。利益の出ない事業に存続はありません。

しかし、「これが当たるだろう」と、特にこの武道業界が好きでもないのに、商売として成り立ちそうだからやるというのは、武の本質からかけ離れた考え方ではないかと私は思うのです。仮に武道、格闘技が一大ブームを作り上げ、巨額の富を得る産業になったとしても、時流に乗って「よし！うちも武道事業を始めてみるか！」と、未経験者が、事業参入するのは好ましい感覚がしないというのが本音ではあります。私が頑なに無流派、無所属主義を貫く職人気質だからか、感性が古いのかもしれませんが。

しかし、そんな世の中が本当に来たら、私達、武道、格闘技に携わる人は喜ばなければなりません。業界活性化はにわかファンがいて成り立つ、そして余所者が参入するということは、それほど魅力のある世界である証拠なのですから。そんな魅力を伝えられるよう、私達は頑張らなくてはなりません。

コロナ禍になる前、オープンして2ヶ月弱で人気店になったラーメン屋に行ったことを思い出しました。前々から工事現場をよく見ていて、オープンしたら絶対行ってみようと思っており。実際に、オープン一ヶ月後くらいに一度訪れたのですが、ものすごい行列で1時間以上の待ちが発生して諦めました。日を置いて、また何度か訪れたのですが、それでも同程度の行列が継続されているほどの人気の様子。さすがにランチ時間やディナー時間に子連れで行くのは無理だなと思い、道場での指導後、深夜の閉店30分前にようやく5分待ち程度で入ることが叶いました。

店の作りはというと、当時は隆盛を見せていた、「いきなりステーキ」を彷彿させるような調味料棚を間仕切りとして区切られた対面式カウンター。間仕切りの上に飾りとして、屋台風の暖簾が吊してあって、それが丁度よく対面者の顔を隠していて気にならない。カウンターであるにも関わらず、くつろぎやすい空間に加え、券売機のポップやボタンも分かりやすく、そして接客マナーも抜群。全てが行き届いている店でした。どうも調べてみると、中小企業家が集まる勉強会に参加している店らしく、そうして計算された店舗運営の理由が分かったような気がしました。

しかし、ラーメンを食べてみると、どうも味は普通なのです。有名なラーメン評論家の言葉で、「顧客は味覚で美味しいと判断するんじゃない。情報で美味しいと判断するんだ。」というものがあります。私はもうラーメンが大好きで大好きで、20代の頃などは試合などがないオフシーズンは一日に8杯ほど食べてしまうほどラーメンが好きでした。今でも、県外の出張先などでは、必ずといっていいほど現地の人気ラーメン店に足を運びます。その中で「これが職人か！」と思わせてくれるラーメンにたくさん出会ってきました。

そうした私の判断基準（価値観）で考えても、とても「美味しい」とは言えないラーメンなのです。社長や役員が「この事業は当たる」と利益優先で始める飲食店は世の中に多くあります。もちろん、そうした店が嫌いというわけではありません。むしろ、私のような子育て世代には安価でありがたいものです。そのラーメン店を運営する会社のホームページを見てみると、経営理念に「応援」というワードがありました。たしかに、このラーメン店は、接客マナーや店作りなど、様々なところに理念が浸透していると感じました。

しかし、これを空手道場に置き換えて考えると、どうも職人気質の私には若干の抵抗感は否めません。

しかし社会全般で考えると、武道、格闘技に携わる人間の収入を増やすことを、まず、第一に考えると、野球と同じくらいプレイヤーの数を増やし、誰もが気軽に酒の肴に武道、格闘技を語り合うレベルに引き上げなければなりません。

そう思えば、「武の本質は…」と堅苦しいことばかり言っていないで、全く武道、格闘技とは無縁の人物が、道場経営、ジム経営として新規参入することはとても大切です。むしろ、そのような時代になるべきです。「武の本質が…」という声も聞かれるかと思いますが、安心してください。

結局のところ、様々なサービスの質と量が向上しきった現代では、理念の浸透していない事業は確実に潰れます。逆に全く、武道とは縁もゆかりもない人でも、「この日本社会のために…」という熱い理念がある人は、道場経営でも成功し、きっとこの業界を盛り上げてくれます。何の心配もいりません。その時代に正しいと判断された者が勝つように、日本社会は成熟しつつあると私は信じています。

さて、このような例をとってみても、経営指針を定めるにおいて、経営理念作りは、とても大切です。ただ、経営理念作りにおいて、注意しなければならないことが一つあります。

何が何でも「この業界のために…」という思いは、きっと武道、格闘技を愛するあなたならば絶対にあるはずだと思います。しかし、「明日の空手界を担う人材を育てます！」や「空手界の発展に努めます！」などといった文言を経営理念として掲げることは、あまり望ましいことではありません。なぜなら、実社会と乖離するからです。先ほど、パワハラや体罰など、この業界の闇を説明した項で触れましたが、武道団体、道場、ジムという独特の共同体は、共同体独自のルールや慣習、価値観があり、実社会の常識とはかけ離れた方向に進んでしまう場合があります。

2000年以上の歴史を持ち、神事でもある相撲が今、古から続く慣習、価値観と、現代の実社会の常識とは真逆となってしまうという時代的問題に立たされています。一昔前でしたら、土俵に女性が上がってはいけないという慣習に、誰も何も疑問符を打ちませんでした。しかし、平成初期に入り、男女共同参画が謳われ、女性の社会進出が進み、男女平等が実現に近づきつつある現代においては、働き方改革でその溝を埋めていこうという時代です。男女同権は当たり前で、私の世代を始め、私よりも以降の世代では、そこに疑問を持つことすらありません。しかし、私よりも以前の世代は違いました。

私が子供の頃などは、仕事をしていない独身女性は報道などで〝家事手伝い〟と表記されていましたが、現代では〝無職〟と報道されます。家事手伝いという表記が、女性は家事をして当たり前という表現にもとれますし、また社会で輝きたい女性にとって違和感を与えてしまうことになるという理由もあります。女児を育てる私としては、「無職と統一表記するのではなく、専業主婦という選択肢もあるという考え方ができるようにして欲しい」とも願うのですが、それはまた別の著書でお話しましょう。

ともあれ、こうした時代背景もあり、平成30年、京都府舞鶴市で開かれた大相撲巡業にて、挨拶中に土俵上で倒れた舞鶴市長に対し、呼び出しやスタッフが土俵に上がり、観客席にいた現役看護師を含む複数の女性も数名上がり、心臓マッサージなど救命措置を行いました。そして、救急隊員が到着しかけた時、なんと場内アナウンスを含め、日本相撲協会の協会員達が「女性は土俵から降りてください」と声をかけ、時には「降りなさい」と指示する場面もあったそうです。

現代の一般常識から考えると、「人命とどちらが大切なんだ！」という声が飛び交います。しかし、これが江戸時代でしたら、恐らく、問題にすらならなかったでしょう。神事と人命、その時代でしたら当然のように神事を優先したのでしょう。当時、あくまで神事は神事でした。しかし、今現代においては、神事は伝統文化の一つとなりました。世間は神事という唯一無二のものが、伝統文化の一つという価値観となったのです。しかし、相撲界で守られている慣習は変わらず、実社会での価値観と乖離したまま残っています。それは、やはり人が集まり、共同体を形成する以上は、必ず、共同体独自の価値観が生まれることに原因があります。必ず、共同体は歴史を重ね、それは相撲だけではなく、どの共同体でも起こり得ることです。

例えば、小学校、中学校、高校などの学校共同体などが、まさにその典型でしょう。学校は校則という独自の慣習に基づいたルールを設けてあります。例えば、生徒がイジメなどの問題を起こした場合、即座に警察に通報するわけではなく、まず学校共同体が独自に判断を下します。だからこそ、イジメが表面に出ず、被害者が自殺するまで気付くことができないのです。

こうした事例を出してみて分かるように、道場という独特の場で、多くの人が集まる以上は必ず共同体が形成されます。時代と共に変化できる団体を選択するのか、時代の変化の中にあっても変わらず伝統文化を継承する団体となるのか。いずれにせよ、どのように経営理念を定めるかで変わってくると思うのです。

少なくとも、こうした著書を用いて経営アドバイスをする身分としては、やはり時代と共に変化できる団体、道場であるべきだと私は考えています。

どっぷりと狭い世界の価値観を引きずっていては、〝社会〟は見えてきません。自分達の業界だけよければよいという考え方はもう古いのです。自分達の業界発展の延長線上に、〝社会〟があることを経営理念作りにおいて実感してほしいのです。

例えば、スーパーの特売チラシなどに「業界活性化に努めます！」なんてキャッチコピーが載っていたらどうでしょうか。ただ出てくる感想は「知らんがな」という一言。ある意味で斬新かもしれませんが、消費者側のメリットは実感できません。少なくとも、このスーパーで買ってみようと、意欲が駆り立てられることはありません。

それと同じことを、この武道業界の人は平然とやってのけるのです。

「明日の空手界を担う人物を育てる」なんていう経営理念は、まるで道場生がこの武道業界のために存在するかのような言い方に感じてしまいます。道場生のために武道があるのであって、武道のために道場生があるのではないと考えることが、これからの時代は必要です。

そこを履き違えてしまっている人は教え方に影響します。「自分は伝統ある武道を教えてやっているんだ」と言わんばかりに、妙に高圧的な教え方をしてしまうのです。

当然、そのような自分本位、業界本位の理念を掲げる道場に人は集まりません。体験には来ても、その指導姿を見て、「あっ！ダメだな」と入門を諦めるでしょう。

今現在、数人、数十人の道場生がいたとしても、その道場の理念に共感して入門したわけではないといえます。入門理由はただ武道がやりたかっただけ。その道場が習いたい武道をやっているから、または地域にそこしかないから仕方なくというだけで、偶然の巡り合わせで入門したというだけです。

では、道場生が多く集まる道場は、何のために道場を経営するのでしょうか。

何のための経営か	自道場の社会的役割は
人生観、価値観	道場生や保護者への本姿勢
指導員への基本姿勢	地域への基本姿勢

↓

経営理念

当たり前のことですが、延長線上に社会が見えなければなりません。そして、社会は人と人との営みです。その営みは一つ一つが彩りに溢れ、一つ一つが輝いています。全体であり、一人。一人であり、全体。全体は一人のためにあって、一人は全体のためにある。これからの武道の形はそうでなくてはなりません。

その心を持ち合わせるからこそ、個々人のために〝時に厳しく、時に優しく、謙虚な指導〟ができるようになります。

そして理念がただの精神論に成り下がってはいけません。

上掲の表を何枚もコピーして、書き込んでみて下さい。何枚でもコピーをして、何度も書いてはブラッシュアップをしての繰り返しを実践してください。私自身も本書を書き上げるまでに何度も何度もブラッシュアップし、そして、何度も何度も更新していきます。時代と共に更新できる内容でなければ意味がありません。

経営理念は、指導理念でもあり、道場訓でもある。それが道場の経営理念です。

3 展開、数値、環境、責任の4項目の経営方針を定める

一見、経営方針と聞くと経営理念と混同してしまう人がいます。

経営方針というのは、経営理念を実現させるためには、どのような行動をとったらよいのか、3年や5年単位の中期間の目標を示すためのものです。

今後の方針の打ち出し方次第で、今現在のやるべきことが決まり、一ヶ月後、二ヶ月後の結果が変わってきます。その積み重ねで一年後には別の景色が待っていることでしょう。

私自身の総合空手道武禅館は、この方針を綿密に打ち出すことによって、大きな方向転換に成功してきました。方針はそれぞれ考え方があるのでしょうが、やはり道場経営者だけが理解している程度の方針作りは意味がありません。指導員、道場生、保護者など道場に関わる全ての人が、この経営方針というものを理解していなくてはなりません。そのためには、ただただ乱雑に方針をランダムに書き並べることよりも、4つくらいのテーマに絞って、テーマごとの方針を打ち出していくことが必要です。あれもこれもやりたいと手が回らないほど多すぎたり、一つのテーマに偏り過ぎたりしてしまうと発展性の

ある経営とはいえません。

今後、道場の支部を出すか否か、指導員を増員するにはどうすればよいか、道場が地域に認められるためにはどうすればよいか（展開）、売上げはどのように伸ばしていくか、そうした数値上の目標はもちろんのこと（数値）、自分自身や指導員が働きがいのある道場環境を作るにはどうしたらよいか（環境）、指導における社会的責任は何なのか（責任）、といったように4つの項目に分けて、道場の経営方針を構築していくべきです。

この経営方針については、それぞれの項に分けて説明させて頂きます。

4 今後5年間の展開方針を決める

私がこの〝展開〟という項目で一番大切に考えている部分があります。それは自立です。自分の道場の意思決定について自分自身で判断をくだせるような道場にしなければなりません。それが私が流派、連盟、団体に所属をしないという〝無所属主義〟です。

もちろん、読者の皆さんの場合は、完全なる個人でない限りは、それぞれ所属している連盟や組織などの動きに合わせる必要はあります。しかし、ある意味、道場経営というのは、仮に何かしらの組織に属していても、直営ではなく、フランチャイズのような形態でしかないので、あくまで自分自身で経営指針を定める必要があります。組織に加盟したから、経営も安心というのは大きな間違いです。だからこそ、自分の道場の売上げが伸びないからという経済的理由で、何か大きな連盟、組織の傘下になろうというのは危険です。それは自分自身が意思決定を連盟、組織に左右される形に陥り、自由が効かず不満を覚えることにもなりますし、また、連盟や組織においても反乱分子を抱えるだけの結果になり、双方にとって良いことはありません。

はじめから何かしらの連盟、組織の傘下として始まった道場ならば関わりのないことかもしれませんが、いざブームがどうだ、誘いのある連盟のネームバリューがどうだといった流れに乗るのは、安易な対策といえるでしょう。下手したら加盟金を払っただけで結局売上げが伸びないことも考えられます。

特に競技に重きをおいている武道、格闘技の道場、ジムの経営者ならば、「組織を統一して、誰が本当の一番か分かりやすい仕組みを作る」ということが理想であることは常識でしょう。しかし、あくまで売上げが伸びず、経営が苦しい中での妥協策として組織に加盟するというのは、結局、その理想、理念に共鳴したわけでもないので、また新たな混乱を生むだけです。私達が武道、格闘技を競技化する以上は、「このルールの方が実戦的」だという考えに陥ってしまうのは自然の摂理です。結局はまた新しいルールを考え、新たな団体が設立され、一体、何が本当の日本一なのか、本当の世界一なのか分からないような状況が作られるだけで意味がありません。統一路線に乗るか、自立路線を行くか、連盟、組織などの加盟問題を語るには二つに一つであるといえます。

こうした安易、安直に第三者の意思に左右されず、自らの経営理念に従い方針を決めることが大切です。そのための方針であり、展開といえるでしょう。

私の武禅館も第三者から見れば、右往左往したようにも思えるでしょう。

元々、自分自身は幼少の頃、知人より沖縄剛柔流空手を学び、小学生高学年頃、極真空手などフルコンタクト空手を学びました。その頃はＫ－１がすでにブームとなり、時代はＰＲＩＤＥをはじめとする総合格闘技へと推移していきました。当然、青春時代ですから、総合格闘技から強い影響を受けていました。そして、極真空手で口酸っぱく教えられた「いざ実戦ならば」という考え方の影響も大きく受けておりましたので、結局、自分自身の中で顔面攻撃や投げなどを度外視した空手は実戦的ではないという結論になり、総合格闘技で使える空手とは何かということを自問自答して生きてきました。キックボクシングや柔術を学ぶことはもちろん、合気道や古流柔術、剣術など幅広く学び、様々な価値観を吸収して結論付いたのが、やはり、初期動作の無駄のなさ、優れた間合い感覚、先の先を読む呼吸感覚など伝統派空手の教えが、自分自身にとっては実戦的であり、また優れた武術思想へと昇華されていることに感銘を受け、私の武道人生の中心軸となっています。

そうした推移と同じように武禅館も、２０１０年に新日本兵法武禅館という名称で立ち上げたもので、２０１１年頃は自身が影響を受けたフルコンタクト空手の技術に偏って教えていました。２０１６年からは自身の上達と共に伝統空手の稽古法を中心に移すという転換をしました。２０１７年頃には常設道場を構え、レスリング用マットを常時備え、柔術、グラップリングにも力を入れて稽古をするようになりました。２０２０年10月には常設店舗２店舗目となり、武禅館は伝統空手とＭＭＡが学べる道場であると決定付けました。そうした、自身の成長や時代の変化などに合わせた方針転換が功を奏し、空手の試合はもちろん、総合格闘技の試合でも実績をとる生徒が増えてきました。

こうした推移の中で武禅館は独自性を築き上げてきたのです。こうした珍しさもありますが、武の本質的考えに適うとは言い難いですが、少なくともにわか格闘技ファンの中では「実戦性を証明するなら

政治、経済の動向
社会、文化の動向
科学、技術の動向
業界の動向

今後の展開（5年単位）

総合格闘技で」という論調が蔓延っており、まさに武禅館は「伝統空手は実戦性が高い」という証明の一つにもなっていることも、周辺地域にある伝統派空手道場やフルコンタクト空手道場との競合との差別化の一因となっています。

私としては、東京五輪追加種目の時流に乗ろうとしたわけでもなく、ＲＩＺＩＮなど総合格闘技の復権の時流に乗って鞍替えしたわけでもなく、ただただ武禅館の経営理念に従い、方針を日々改めていった結果が、時流を先取ったということもあります。

時代は、「本物とは何か」、「本

質とは何か」というテーマに入ろうとしています。私としては、武道道場経営というのは、やはり本質追究をしていけば、それが自然と他者より求められる強固なビジネスモデルになるという気もします。

特にこのコロナ禍では、４つの環境動向的視点をしっかりと熟慮し、自分の道場が置かれている立場を知り、この先５年の展開を決めていくことが大切です。右ページに表を添付いたしますので、先ほど経営理念を考えた項と同じように、何度もコピーしては書き直して、ブラッシュアップを繰り返して考えてみてください。

私自身の経営方針に関しては、本書をお読みの皆様には残念ですが、さすがに社外秘としておりますので、今後のことを述べることはできませんが、過去から現在まで立てた経営方針について記します。

◉２０１５年から２０２０年まで動向予測

政治、経済の動向…消費増税、外資健康産業の参入、地震の頻発
社会文化の動向…東京五輪開催に向けてスポーツ産業の健全化
科学、技術の動向…ＳＮＳの発達、被災地避難所（公共施設）での感染症対策が話題に
業界の動向…低価格ジムの定着、著名人のＹｏｕＴｕｂｅ参入、空手の二分化
今後の展開…名古屋市緑区の活動地域に２０１７年常設道場開設、岐阜県多治見市に２０２０年常設道場２店目開設

２０２０年までの間に東海地方に大きな地震が来るかもしれないと想定して展開を定めていました。

公共施設はいずれ避難所として使われるので、空手道場として使用できなくなる。だから自分の裁量で使える常設道場が必要だと考えていました。また、そうした常設道場があれば、いざ大地震などが来ても小規模の避難所として地域に貢献できる。そのためには、風邪やインフルエンザの蔓延など、あの換気の悪い状況では起こりやすくなることは目に見えていたので、換気機能と空気清浄機能を完備することを念頭におきました。また、武道場というのは素足になるのが定番であるため、水虫などの感染症も予防することを意識しました。その背景には自分自身が2016年に子供から手足口病を感染し、悪化してしまったため、感染症対策は必要であると感じたことにも理由があります。結果として、この時の判断が功を奏して、コロナウイルス対策へと繋がります。

5 今後5年間の数値目標を決める

私が思うに、この部分が一番、道場経営者が苦手な部分ではないでしょうか。数字を見ずにどんぶり勘定で上手くいくほど経営は甘くありません。かくいう私も決して、数字を扱うことが得意ではありませんが、経営のためには、習得は必須条件であるのでやっているという次第です。道場で「苦手な練習にも取り組め」と日々指導しているわけですから、苦手だからとか、面倒だからという理由は、全く言い訳にもなりません。

まず、数値に慣れていくには、自分自身が道場を創業し始めた頃の数字をデータ化することから始めることです。本書を読み進めて頂いた多くの道場経営者は、個人事業主として税務署に青色申告や確定

図4　経常利益推移のグラフ化

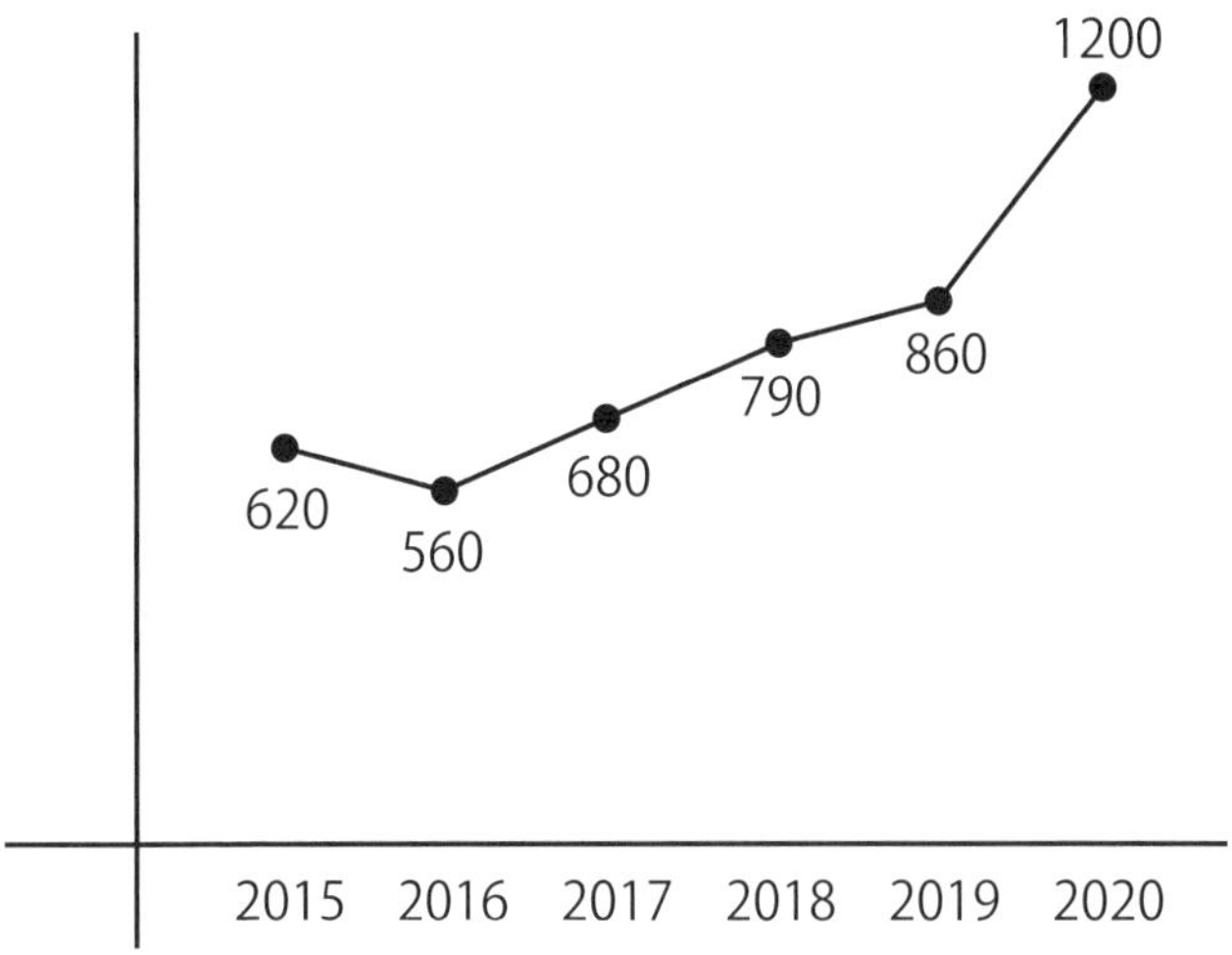

申告を行うかと思います。

単純に毎年の経営利益をグラフとしてみて下さい。本来ならば、売上高、付加価値、経営利益の３つをグラフ化することが基本ですが、数字に慣れず断念してしまいそうな場合はまず、毎年の経営利益の推移が分かるようにグラフ化することに専念して下さい。**（図４）**

その年毎の４つの経営環境的視点と照らし合わせて見てみます。そして、その時、経営を乗り切るためにどのような手を講じたから売上げが伸びた、または何をしてこなかったから売上げが下がったなど反省を含め、自分の道場の事業特性が見えてくるのです。

これが、まず数値に慣れていく第一歩です。

私自身の事業特性を見直してみると、特に目立つのは２０１７年に常設道場を構えたことが一時的な売上低下を招いたと考えられます。今までは区内各地域のコミュニティセンターにて曜日毎に練習場所は点在させていましたが、常設道場開設により、一部の地域に限定されて遠方地域にある人は通えなくなったことが影響しています。

この当時、退会した生徒を数字にすると、当時100名いた道場生が80名へとなったわけですが、そもそも、この退会20名は道場の理念を理解して頂いて入会したわけではなく、「単純に近所で空手をやりたい」という動機で入会して頂いた人でした。そういった意味では、理念浸透のためにふるいにかけることができたともいえます。

また2018年は指導員が陰で一部の同僚にパワハラを行っていた事実が6月に発覚し、解任、そして破門を下すという事態もありました。また、この指導員が生徒にも横柄な態度や、武禅館の意図しない体育会系的な上下関係を強制していた事実が発覚しました。

これによって定期的に月3人ほどが退会をしていることや、同指導員のクラスに生徒が集まらないことなどの原因が同指導員にあることが分かり、道場経営も安定していきました。

現在では4月などに道場生自身や両親の転勤などで、2名ほどの退会がありますが、同時期に20名以上の入会があり、また月に10人ほどの定期的な入会もあるので、売上げも上昇しております。

2020年東京五輪の追加種目として空手競技が採用されているので、この時流を活かせば1.5倍の伸び率も期待できるかとの予測もありましたが、時代はコロナ禍となり東京五輪は延期。緊急事態宣言の影響を受け多くの企業が倒産し、2020年にはその展望は潰えました。しかし、このコロナ禍においては独特の需要が生まれ、武禅館はこのコロナ禍における対策や集客方法が功を奏したことは間違いありません。緊急事態宣言が開けた6月、7月に一気に売上を伸ばし、8月は過去に例のない伸び率を示

図5　名古屋本部タイムテーブル

	月	火	水	木	金	土
9:00						9:30～10:15 幼児、小中、親子
10:00						10:30～11:30 幼児、小中、親子
11:00						11:45～12:30 小、中学生 キッズMMA空手
12:00						
13:00						13:00～14:00 幼児、小学生
14:00						14:45～15:15 古流武術研究
15:00	15:30～16:30 幼児、小学生			15:30～16:30 幼児、小学生		15:30～16:30 幼児、小、親子
16:00	16:45～17:45 幼児、小学生			16:45～17:45 幼児、小学生		16:45～17:45 幼児、小、親子
17:00			17:30～18:45 幼児、小学生			
18:00	18:00～19:00 小、中学生				18:15～19:15 幼児、小学生	18:00～19:00 小、中学生
19:00	19:15～20:30 中、高、成人	19:45～20:45 フィジカル &MMA	19:00～20:30 小、中、高、成 形専科クラス		19:30～20:30 WKF組手 &形強化クラス	19:15～20:30 中、高、成人
20:00	20:30～22:30 中、高、成人 MMA空手		20:45～21:30 中、高、成人 ストライキング特化		20:45～21:45 中、高、成人	20:30～21:15 中、高、成人 ガチスパー会
21:00						
22:00						
23:00						

図6　多治見本部タイムテーブル

	月	火	水	木	金	土
9:00		9:45〜11:00 ストライキング フィットネス				
10:00						
11:00		11:15〜12:00 プロor指導者志望 MMA空手				
12:00						
13:00						
14:00			定			定
15:00		15:30〜16:30 幼児、小学生 こども空手			15:30〜16:30 幼児、小学生 こども空手	
16:00		16:45〜17:45 幼児、小学生 こども空手	休		15:30〜16:30 幼児、小学生 こども空手	休
17:00						
18:00		18:00〜19:00 幼児、小学生 こども空手	日		18:00〜19:00 幼児、小学生 こども空手	日
19:00	19:15〜20:30 幼児、小学、成 親子空手	19:15〜20:30 小学、中高、成 親子空手		19:15〜20:30 幼児、小学、成 親子空手	19:15〜20:30 中、高、成人 初級	
20:00	20:40〜21:45 中、高、成人	20:40〜21:45 中、高、成人 MMA空手		20:40〜21:45 中、高、成人	20:40〜21:45 中、高、成人 MMA空手	
21:00						
22:00						
23:00						

し、10月1日には展開方針通り、常設道場2店舗目を開設することができました。

現在、名古屋本部のタイムテーブル上、各クラスとも飽和状態にあるので、区内居住者を2地域に分け、一地域は鳴海町の本部道場に、もう一地域は徳重地域で分支部として分け、指導員に分けました。そうすることで収益を維持したまま、クラスの残席数に空きを作ることができ、道場の上限値を大幅に向上させることができました。

しかし、まだまだ、両道場とも、1週間、1日のタイムテーブルを見てみると、名古屋本部だけでなく、多治見本部ともにアイドリングタイムがあり、まだまだ上限値を向上させる手段はいくらでもあります。それには、いずれにせよ、根本的に今、武禅館は人手不足にありますので、この問題を解決しなければなりません。

まずは、道場に関する数字と向き合ってみて下さい。経営利益、売上高、付加価値とグラフ化すること。さらに、ここまで慣れてきたら、経費などその他項目に関してもグラフ化してみると自分の課題が見えてくるかもしれません。

そして、これからの5年間、どのタイミングでどの数字を伸ばしていくのか方針を決めていきましょう。様々な項目と照らし合わせて、明らかに数字の伸びが悪いのなら、集客に力を入れるのはもちろんのこと、それ以前に価格設定が間違っている場合もあります。

6 指導員が働きやすい環境方針を定める

道場の長期的経営、拡大を実現するためには、当然、自分一人の力だけでは成り立ちません。必ずと言っていいほど、人の力を借りなければなりません。

私は2015年からの5年は、福利厚生を整え、求人にも挑戦し、既に他流派で指導実績のある人材を雇い、個人事業から、中小企業へと変革をしていくと環境方針を定めていました。

武道業界でよく起こるのは、前時代の体育会系的な上下関係を指導員に強いてしまうこと。また、修行の名目で無償労働をさせてしまうことがあります。

いわゆる、〝やりがい搾取〟という状況を生んでしまう状況が蔓延しています。

しかし、近年、都市部での総合格闘技（ＭＭＡ）ジムなどを見てみると、1レッスンの指導料がいくらと契約書を交わし、指導をお願いしているところが多くあります。大手スポーツクラブのスタジオで、ヨガなどのレッスンを外部委託者に依頼する際と同じような形態をとっていることがほとんどです。

この形態でも休業要請発令時には問題となりました。「与えられれば、より欲しくなる」と形容する人もスポーツ業界には多くありましたが、武道業界に身を置く人から見ると、それでも、そのような問題が噴出するということさえもうらやましく思った人も少なくはありません。

武道の世界は、指導をすることで与えることができるのは〝学び〟と〝やりがい〟だけというのが、一般的に言われており、世論も脊髄反射的に「武道だから」と異を唱えません。たしかに古くから続く伝統武道は、その歴史をもちろんのこと、後世に伝えるべき思想はあるのかと思います。しかし、だからといって、指導そのものは労働といっても過言ではありません。

もちろん、ボランティアとして道場運営がなされているのなら、その社会奉仕としての姿勢を貫くべきです。名古屋にも生徒からは月謝などの謝礼は一切受け取らずに教えている、古流武術の道場もありますし、施設利用費として一回200円のみを受け取って成り立っている道場もあります。しかし、特に空手業界に限ったことかもしれませんが、月謝3000円~8000円など、明らかに営利目的であるにも関わらず、トップだけは多額の利益を得て、その下で働く指導員は無給という状況が当たり前のようになっています。まさにやりがい搾取です。

武禅館では、こうした問題に歯止めをかけたいと考えており、未来の中小武道道場のモデルケースを作ろうと日々模索しています。

前述した都内の総合格闘技のジムや、スイミングスクールと何の違いがあるのでしょうか。違いは「武道は金儲けではない」という前時代の価値観が、価格設定に影響を与え、指導員（従業員）に満足な給与を与えることができないという背景も考えられます。

同地域で活動する競合との価格競争にも原因はあるかと思います。公共施設から逸脱し、常設道場化して設備、サービスをより充実させれば、当然のように経費がかかってきます。経費がかかるならば収入がなければ成り立ちません。

経営初心者は、そこで集客の際、短絡的に競合との違いを〝価格〟で表してしまいがちです。相手が公共施設利用の道場で、自分自身は常設であったとしても、価格を相手よりも下げることばかりに集中してしまいがちです。価格設定が低ければ当然、従業員に給与を与えるという発想には結びつかなくなります。そこで、従業員雇用の可能性を上げるには、価格ではなく〝価値〟に重きを置くべきです。

自分の道場はサンドバッグも完備してある、マットも完備してあるというような、いわゆる〝会員サービス〟の充実具合を価格で表現してみるとよいかと思います。本当に単純な計算例ですが、マットを一面に揃えるのに50万円かかってしまったのならば、道場生が最高200人ほど入会させられるのが限界キャパシティだと考えると、『500000÷200＝2500』という計算をしてみます。2500円ほどプラスさせる価値があると考えます。例えば、地域の価格設定が4000円が相場であるのならば、そこに2500円をプラスして、月謝6500円という価格設定を考えてみてもよいのではないかと考えます。私自身の考え方では、『設備費÷会員キャパシティ』という計算で考えて、郊外であるのならそのままの金額で、駅前であるならプラス500円で考えてみると道場経営初心者でも分かりやすいです。

しかし、職場環境作りという理想を掲げても、内外の人に関する方針が定まっていなければ、人の集まるところは必ず問題が起きてしまいます。私は2016年くらいまで、ずっと一人で道場経営を行ってきた癖もあり、環境に関する方針を定めていませんでした。むしろ、その意識が皆無だったといっても過言ではありません。

私は常設道場1店舗目をを開設した2017年8月から2018年6月まで、道場生で「やりたい」と手を挙げてくれた30代成人を正社員指導員として雇っていましたが、他のアルバイト指導員からパワハラを受けたことが原因で退職をしてしまいました。また、その副業指導員の悪質性を鑑み、解雇、道場生としても破門をしました。

原因としては、私が正社員に対する教育、いわゆる〝仕事を教えるのが下手〟という状態で、アルバイト指導員の管理などを任せたところから、いざこざが始まりました。正社員としての職務とアルバイトとしての職務の違いや、社員教育をして仕事のクオリティを向上させることができなかったため、軋轢が生じたことにも原因があります。「正社員のあいつと、アルバイトの俺とどう違うんだ」という疑問を生じさせたということは、環境方針の甘さが招いた結果です。

こうした問題を受け、武禅館では方針を明確に定め、指導員が働きやすい職場作りに取り組んでいます。

今現在は、企業に勤めながら副業としてアルバイト契約をしてくれている指導員が5名。従来までは茶帯（1級）、または黒帯（初段）までを取得していた生徒に対し、特に得手不得手、向き不向きを精査するわけでもなく、無差別的にアルバイト採用の声をかけていました。

まず、武禅館では「黒帯＝指導をする立場」という慣習から脱し、指導をする人間は必ず館の定めた基準に沿った指導員資格を取得するというルールを定めました。全日本柔道連盟や全日本空手道連盟などの大組織になると当たり前に行われている仕組みでしょうが、空手はもちろん、空手以外の武道でも個人経営の道場などでは、そうした黒帯＝指導員というのが慣習化していました。それは「武道教育は奉仕活動であるか否か」という判断が難しいという現状もあり、また業界自体もはっきりとした区別をしていなかったので、実質営利目的の個人道場でも、そうしたボランティアと同様の仕組みを採用していました。

そうした制度を採用して以来、人員を確保することがより難しくなってしまったことはたしかですが、少なくとも人格や実力など指導員として必要条件を満たした人材を現場に投入できるので、誰か一人が横暴を振るって他指導員の足を引っ張ることがなくなりました。また、集客面で考えても、空手指導で給与を得ている〝プロフェッショナル〟を語ることができるようになったので、大きな効果がありました。

また、同時に昇格制度を設け、新規入会者獲得などの実務実績を積み重ねることで、時給がアップする仕組みを作り、職場環境は大きく改善しました。また、２０２０年8月からアルバイトでの清掃員を雇用し、指導員が清掃に割く時間を、生徒との交流に充てることが可能になり、より人と人との繋がりが濃密になったことと思います。同時に武道経験のない人間の意見を聞けること、このコロナ禍において、どこよりも清掃に力を入れていることを内外にアピールできる要因の一つにもなったことなど、様々なメリットがありました。

また、指導という仕事に興味を持ってもらうために、指導体験ができるボランティア指導員という制度も採用し、助手的に後輩のアドバイスをする役割を定めました。将来の指導員を目指す人がここから現れることを期待しての制度です。他にも、現在は既存会員とは別枠でプロ選手志望の人材も育て、ゆくゆくは正社員にと考えています。

私自身のこの先5年の環境方針は、正社員を雇用すること。1年以内に正社員が本部道場を1日管理ができるよう、事務、清掃など各分野のサポートメンバーを充実させること。5年以内に正社員を3人雇用し、うち2人はいわゆる支店長的立場で常設道場運営を任せることができるよう社員教育を充実させること。

道場経営を成功させるにあたり、この5年で必ずやり遂げて欲しいことがあります。

- **常設道場を構え、職場（拠点）を作ること。**
- **客単価を上げ、従業員を雇えるよう財務状況を整えること。**
- **指導員を従業員化し、雇用契約書を交わすこと。**
- **指導員給与の昇給、ステップアップに関する基準を定めること。**

一般的な企業なら当たり前のことでも、私達、武道業界にとっては大きな一歩です。そうした業界で働く人が増えれば、武道の魅力を発信する立場の人が増えます。そうした努力を重ね利益が上がれば、同業者も模倣します。そうして業界の裾野は広がっていきます。自分達が利益を上げていくことは、自分の気付かないところで、競合までも幸せにしていくのです。そんな一般企業が当たり前に行っている流れを私達も作っていきましょう。

% ± + ÷ ∞ √

7 5年で果たせる責任を具体的に表す

私は武道道場経営こそ、この〝責任〟という分野に重きを置くべきだと考えています。なぜなら、子供を道場に通わせようとする保護者のほとんどは、第一に子供の人格形成の一環として武道を選択しているからです。

親は「いざという時のためにも、強くなって欲しい」と子供に願うものですが、〝喧嘩をする子〟になって欲しいという親はまず存在しません。護身術を習得させようと考えている親も、闘争技術的側面での護身術よりも、「危うきに近寄らず」という心構えや喧嘩をしない心作りとして武道教育を選択するケースが非常に多いのです。

それは情報が充実している現代だからこそ、多くの人は〝武道は心を育てる〟ということを理解しているからです。言い換えれば、「武道指導者は心が成熟している」というステレオタイプのイメージがあるので、武道教育のハードルは、私達の知らないところで格段に上がっているというのが現状です。だからこそ、私達、道場経営者は、こうした武道教育における社会的責任を全うする必要があります。

過去の文献などを読んでいると、昭和時代には〝喧嘩カラテ〟というキャッチフレーズが流行したそうです。私自身、昭和後期に生まれましたが、すぐに平成の時代に入ったいわゆる、ゆとり世代です。私のほんの少し下の世代は、さとり世代と言われます。そういう私達の世代の人間から見ると、〝喧嘩カラテ〟などという言葉を聞くと、単なる無責任なキャッチフレーズにしか聞こえません。他人事ながらも、同じ空手家としては、共感性羞恥を覚えてしまうほどです。言い換えれば、ノスタルジックでファンタジーな世界だったのかもしれません。

そもそも、法治国家であり、世界有数の優れた警察組織を持つ日本では、喧嘩は絶対に許されません。犯罪です。むしろ、急に犯罪者に襲われたという状況でも、過剰防衛も罪となる可能性だってあるくらいです。たしかに漫画や映画などで、多くの喧嘩シーンに心躍らされることはあったとしても、現実とは別の話。そうした日本国にあって、喧嘩を教えることは全くの無意味と考えるのが、ごく一般的です。

また喧嘩というフレーズ自体が精神的未熟さの象徴でもあるともいえますし、そもそも武道というのは喧嘩という狭く小さな争いの術ではありません。こうした話をすると、意外と武道家でも、「いや、喧嘩で使えなきゃ…」という反論があります。たしかに昭和時代は、まだまだ法を主体とする考え方が社会全体に浸透しておらず、喧嘩が町中で起きることも日常茶飯事だったと聞きます。しかし、令和の時代で武道が求められる護身的側面は、決して喧嘩ではなく、通り魔や強姦魔に対して、極論をいえば、テロに対する対処術を求められるケースの方が多くあります。そうした求められる要望を叶えられないのならば、完全にスポーツ競技に徹するか、マインドフルネス、フィットネスとしての立ち位置を模索するしかありません。

いずれにせよ、教育としての武道の立ち位置は、何よりも本質の追究にあると私は思います。それこそが、私は武道家としての社会的責任であるかと考えています。そうした時代的背景を理解した上で、私達はどのような社会的責任を果たすか方針を定めなければなりません。

私の武禅館は以下の社会的責任を全うする、責任方針を定めています。

・地域の防犯力アップ。

・イジメをしない、させない子供の育成。

また、これから5年先は、〃一般社会に馴染めない、就職できなかった道場生の雇用〃として受け皿的役割を果たしていきたいとも考えています。

武禅館があるだけで地域が明るく、過ごしやすくなる。そう思ってもらえる道場を目指しています。

こうした社会的責任を全うしようとすることは、道場経営だけでなく、中小や大企業と問わず、今や企業として義務です。そうした姿勢から経営者の志が見え、集まってくれる生徒達が心からの支援を頂けたり、信頼関係を築けたりするものです。そして、それが集客へと結び付き、道場の発展へと繋がっていくのです。

自身のやるべき使命とは何か、自分が語るべき志とは何か、それを明文化しなければなりません。

しかしながら、そうした使命、志、社会的責任などについてアドバイスをさせて頂くと、多くの道場経営者は恥ずかしがっているのか、そうした思いを語りたがらないケースが多々あります。

昔、私が通っていた道場の1つに、こんなことを言う先生がいらっしゃいました、

「そんなことよりも、まずはもっと大きな大会で実績を出せる生徒を育てなきゃいかん。」

これは完全に順序が間違っています。大会実績を出す生徒を輩出するには、まず生徒の心を強く動かさなければ実現しません。そのためには、指導者はもちろん、道場そのものが、生徒の心を動かすように志のある組織となっていなければなりません。そうでなければ、生徒はタイトルホルダーを多く輩出している名門道場に移籍してしまうだけです。

それに一般的には、オリンピックメダリストでも育てれば話は別かもしれませんが、全日本大会といえども一般の人はそこまで価値を感じていません。そこに価値を感じるのは、武道をある程度続けた後の話。武道を始めていないうちや、武道について全く無知の保護者は、「よし！俺も全日本大会で活躍するんだ」とか「うちの子に全日本優勝を目指させよう」とは思いません。

少なくとも一般的に大々的に宣伝されていないような実績は語っても意味がないのです。だから、競技化されていない武道に携わっている方も心配はありません。「うちは試合がないから興味を持たれない」などという状況は存在しません。

ここが競技武道に長くいると、盲目的になりやすい部分です。

自分が、仲間が長年追っていた全日本優勝の夢が、社会的価値のないものだとは、とても思いもしませんからね。

幸い、私には大した大会実績はありませんでした。2019年に入り、全日本大会形一般の部で準優勝、組手一般の部で3位という実績を上げる生徒もでてきましたが、まだまだ誇れる大きな大会実績に恵まれてはいません。それでも私の武禅館には、全道場合わせて現在300名以上の道場生が集まり、道場経営は成功し、これから全国に広げるため、組織化、法人化しようというところです。

自分で言うのもなんですが、個人事業主としては成功していますので、次のステージとして法人成りすべきだなと実感しています。


上手くいっている道場経営者には、自分自身に大きな大会実績がない人も多くいらっしゃいます。逆に何かのチャンピオンであっても、生徒がほとんど集まらず、別に仕事をしながら経営している方も多くいらっしゃるのが現状です。空手道場の経営を副業で行うと様々な制限がかかり、生活を圧迫してしまうことが多くあります。

指導や試合などのイベントのために、定時で確実に退勤でき、なおかつ土日は休みの仕事を選択しなければならないなど様々な条件があります。そうなると当然、夜のプライベート時間を圧迫しますし、本業での収入も微々たるものになる可能性もあります。自分自身の稽古を行うような体力、気力を削られてしまい、自分の試合にも集中できない状況に陥ってしまうこともあります。

大会実績があるからといって集客が上手くいくわけではありません。特に競技化された武道の道場経営者は、「大会実績=集客力」という思い込みがあるようです。


今一度考えてもらいたいのが、何のための道場か、誰のための道場かということ。

業界のための道場、道場のための道場、経営者のための道場となってはいけません。あくまで日本社会、地域社会、そして道場生の未来のための道場であるべきかと私は思いますし、そうした思いの強い指導者の下にこそ、人は集まるのだと考えています。それは綺麗事でも、お題目でも何でもなく、徹底的に無駄が削られた現代では、心動かされないものに人はお金を出さないからです。そして、心を動かし続けない限り、人はお金を出し続けないということも追記しておきます。

そうした道場が掲げる責任は、確実に道場生の人生を変え、それが唯一無二の価値となり、指導者としての誇りと自信に結びつきます。

私の武禅館も、生徒達のこうした問題と共に向き合い、指導実績を積み上げてきました。

- イジメが原因で登校拒否をしていたが、道場で強い先生や仲間と接し、世界の広さを知り、再登校する自信がついた。
- 自制が効かず、他人に暴力を振るう癖があったが、ノンコンタクトの練習をすることにより、自制心が身についた。
- 親子で稽古をすることで、家族の会話が増え、親子共に努力習慣が身についた。
- 率先して人助けをするようになり、市から優良児童として表彰された。
- 敬語が使えるようになった。

私自身の人生において乗り越えたものは何か、手に入れたものは何か必死で考え、自分が人のために何ができるか考えました。

それが道場経営者の責任ではないでしょうか。

道場が地域に与える影響	道場が生徒に与える影響

道場の責任方針

上掲の表をコピーし、ご自身の道場が、この5年で果たすべき責任をブラッシュアップしてみて下さい。何度も、何度も書いて、何度も悩むうちに言葉が研ぎ澄まされ、自分が本当に抱いている志が見えてくるはずです。そして、自分自身が〝強くなりたい〟理由も見えてきて、経営者としてだけでなく、武道家としても一皮も二皮も剥けていくような感覚になるはずです。これもまた稽古です。

8 経営指針を一枚の表にする

この項まで経営指針として、最終目標、経営理念、経営方針と作り方を学んできました。まず、道場経営者としての一歩を踏み出す時、これらが明確になるまで作り込むべきです。目標もなし、理念もなし、方針もなし、ただ

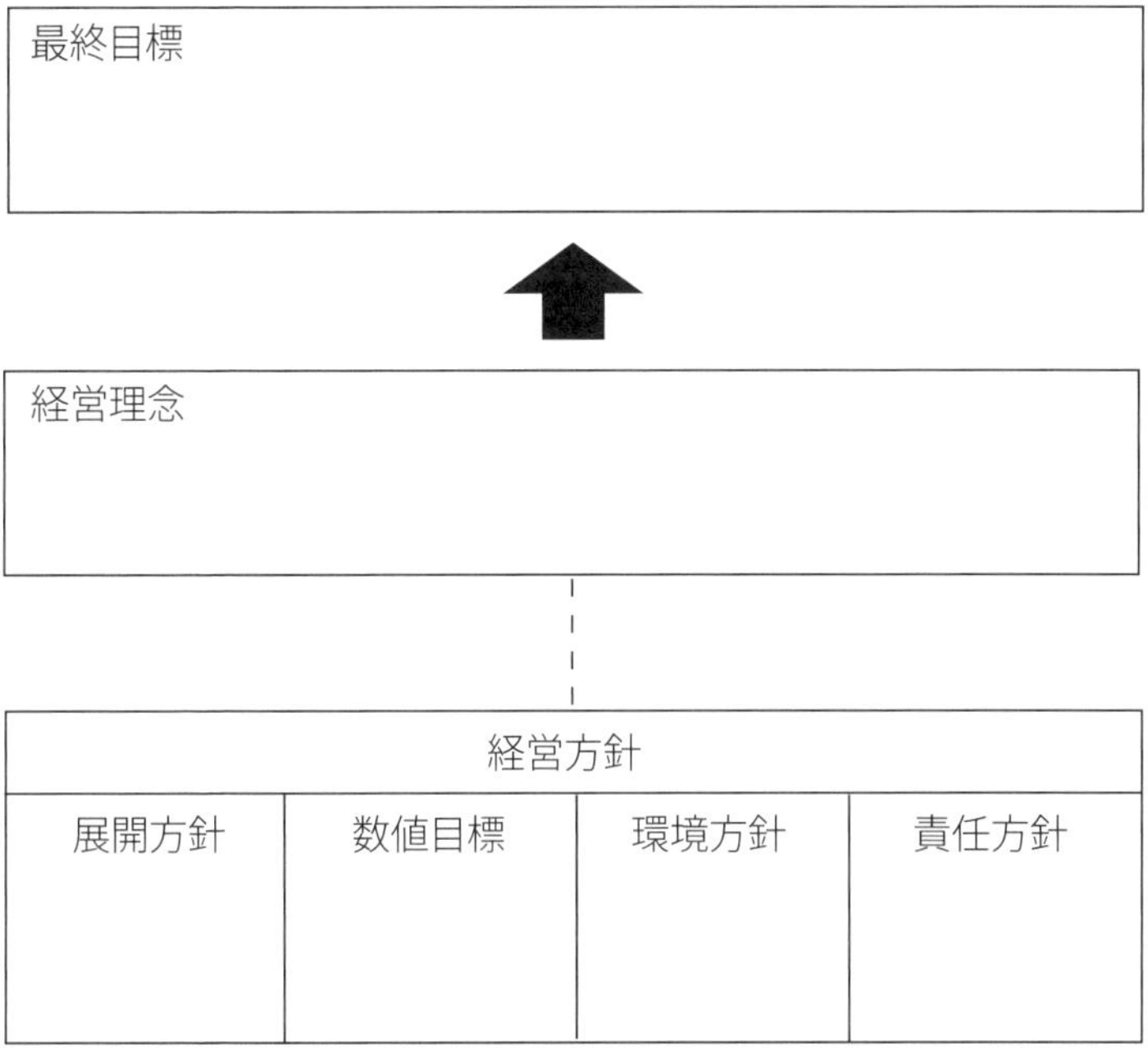

生徒を集めて武道を教えたいだけでしたら、絶対に道場経営は成功しません。

上に表を掲載しておきますので、こちらを何枚もコピーして、ぜひ稽古以上の熱意で何度も何度もブラッシュアップして下さい。私自身は他人に相談するのが苦手なタイプではありますが、自分で作った理念や方針が十分に昇華されたものであるか否か、ぜひ、第三者に相談することをおすすめします。

ただ、相談相手は選ぶべきというのは念を押しておきます。成功していない道場経営者に相談をしても的を射た答えは返ってきませんし、経営経験のない友人に相談しても意味がありません。確実に言えることは、一般的な中小企業を経営している知人でなければ意味がありません。経営について分かっていない人に経営を相談しても意味がないのです。

この最終目標、経営理念、経営方針は、常

に意識する必要がありますので、常に目で見て確認できるようラミネートして事務室の壁に貼ったり、鞄に入れて持ち歩く必要があります。ブラッシュアップして決めたはいいけども、他人に熱意を持って語れないというようでは絵に描いた餅です。世間話のような流れで、自身の道場経営について説明するくらいでなければダメです。友人との会話も経営について語り合う、地域社会について語り合う、未来の日本について語り合う、それくらい経営にのめり込まなければ、絶対に成功することはないでしょう。〝意識高い系〟と揶揄されても、友人との会話が合わなくても、それくらい仕事が好き、そういう情熱があることが経営者の前提条件とも言えるでしょう。

9 経営理念、経営方針を共有した時に起こること

前ページの表は自分だけでなく、道場の運命共同体でもある指導員にも見せなければなりません。そして、経営理念、経営方針に込められた思いを共有することが大切です。きっと、あなたの意思と指導員の意思は、まだまだ共感していないため、多くのディスカッションが必要となります。何度も、何度も議論し合い、ブラッシュアップしていけば、個人だけではない、より強固な組織としての経営理念、経営方針を作り上げることができます。

これから道場経営を始めようとする人も、何十年も道場を経営している人も、そのやり取りを欠かしてはいけません。指導員がおらず、一人で行っている道場ならば、思いを共有できる家族とブラッシュアップしていくのもよいでしょう。独身ならばまだしも、既婚者で子育てをしているのならば、家族の

協力なしに成功はあり得ません。

そもそもが〝人〟と共にあるための、理念、方針なわけですから、一人だけで完結するというのはよろしくはありません。私は人に相談をするのが非常に苦手なタイプですが、経営とは何かということが全く分かっていない20代前半の頃は、様々な起業家、企業経営者と交流を持って何度も何度も相談しました。セミナーコンテストに関わる皆さん、ノリやテンションが合わずに途中退会してしまいましたが中小企業家同友会の皆さんに学ばさせて頂いた思い出があります。

ブラッシュアップが十分にできたところで、まずは道場生に発表するようにします。

初めて、経営理念や方針を発表する時、道場生や保護者達に大言壮語ととられます。なぜなら、ほとんどの人間が〝経営〟という言葉にピンと来ません。人口の中で〝経営者〟と呼ばれる人間は本当に一握りです。道場生の中にも、数人いるか否かではないかと思います。一般の人に、経営という言葉に対するイメージは、意外と正しく伝わっていません。特に低所得者層になると「楽でいいな」とか「ふんぞり返って偉そうにしている」といった誤ったイメージを抱いている場合もみられます。また、ただプレイングマネージャーを卒業できないでいるだけの経営者を「ふんぞり返らず、現場に出ている」と〝目で見えているだけもの〟でしか、世界を想像できない人も世の中に多くいます。急に理念、方針などと語り出すと、何か怪しいセミナーに通い始めたのではないかと疑う人もいれば、理由もなく反発心を抱く人もいます。人の夢は、ただ頑張れとだけ応援すればよいはずなのですが、「やめておけ」と不要なアドバイスをする人が世の中の大半を占めているのは不思議なものです。それと同じように、道場生や関係者の中にも必ずいるものです。

元々、世界大会など、大きな大会実績などが備わっている道場経営者ならば、はじめから別次元にいる人だから「次のステージで勝負するんだな」と素直に思われますが、同じ次元にいる私のような無名、無実績の人が夢を語ると、どうしても人は恒常性が働くのです。

恒常性とは現状を維持しようとする人間の本能です。いくら夢を語り、目標を持って努力しようと心に決めても、日が経つ毎に情熱が冷めてしまったり、そうした夢や目標を心に抱いたことも忘れてしまうことがあります。

ダイエットなどがいい例でしょう。あんなに痩せたい、痩せた方が幸せな人生があるかも、と強く思っても努力が続かない。それは恒常性の力です。現状の良し悪しに関わらず、人にはその本能が必ずあります。

だから、他人があなたの努力を否定してステップアップを阻むことも恒常性の力が働くからです。

私の道場は基本的に〝保護者会〟のような組織は結成していません。少年野球のチームなどは、子供達の練習試合のバス送迎や備品準備など、ボランティアで成り立つ保護者会を結成し分担して行っているそうです。これを模倣する競技武道の道場は意外と多いと聞きます。経営をするにあたって、ボランティア集団の結成は、時にトラブルの火種となることもあります。

道場の方針を初めて作成する時、経営危機脱出のために方針転換をする時、意見のすれ違いが起きる可能性があります。従業員のように一生関わるかもしれない立場と違い、〝今この時期の自分の子供のため〟という立場なわけですから、組織への見方、道場への見方が大きく違います。保護者会という組織に5年先、10年先の未来を説得するのは難しいものがあります。保護者会の立場としては、それよりも今年、来年の方が大切なわけですから。保護者会という集団を結成していない道場の場合でも、一人一人が理念、方針の決定、または転換に違和感を持つ場合もあります。

立場が違えば、視点が違います。視点が違えば、考え方が違います。

解決する方法は同じです。不満が聞こえるならば、話し合うこと。そして、さらに経営理念、経営方針をブラッシュアップすることが大切です。誰もが納得するものというのは不可能かもしれませんが、より多くの人に伝わる理念、方針を作らなければ、人が多く集まる道場などできるはずもないからです。

先項の表をたくさんコピーして、何度も何度も作り直して下さい。経営指針は1度作ったら終わりというわけではありません。常日頃からブラッシュアップしていくことが大切です。

そして、あなた自身が経営努力を怠けてしまうことも人の持つ恒常性の力といえます。保護者達の理解を得られなかったからといって、経営指針を必要のないものとして捉えるのは早計です。この恒常性の力を理解し、問題に直面した時、自分自身に言い聞かせ、踏ん張っていくことが大切です。

常に経営努力をすることが当たり前の状態にしたいものです。私の道場がなぜ、順調な経営をしていられるかというのも、恒常性の力です。独立起業した23歳の頃から14年間、経営について学び、努力することが当たり前の生活でした。友人と飲み歩くことはありません。指導員や道場生と飲み会を行うことはありますが、羽目を外すことは一度もありません。ずっと武道と経営に向き合って生きてきました。

今の私は道場経営が本業ですから、道場が経営破綻してしまうと指導員の給与が払えないどころか妻子を食わすこともできません。

羽目を外さないことも、私の恒常性の力です。

10

理念、方針を形骸化させないクレド設置

どんなに苦しい状況に陥っても、経営理念、経営方針を意識してください。誰も読んでいないような標語やスローガンのようになってしまい形骸化しては意味がありません。正直なところをいえば、ホームページの作り方がどう、ＹｏｕＴｕｂｅのやり方がどう、などと表面上のことばかり学んでも、この経営理念、経営方針が定まっていなければ、強い経営基盤は出来上がらないのです。小手先のノウハウを知りたいだけならば、正直、この本はさっさと売り払ってしまえばいい。

私の武禅館は料金設定、ホームページ、ＹｏｕＴｕｂｅなどで目立っている表面上のことを、よくマネをしたいと言われます。「ホームページのコツを教えて」「ＹｏｕＴｕｂｅのやり方を教えて」などと頼まれます。無駄です。表面上のことばかりやっていても全く効果を得ることはありません。

経営理念、経営方針が定まっていないまま、仮にホームページで上位表示されたり、ＹｏｕＴｕｂｅで高再生回数を記録しても、「何のコンセプトもないつまらなそうな道場」という印象が拡散されるだけで意味がありません。

そんなお手軽なものを追いかけるよりも、しっかりと柱を作って下さい。

基礎が大事、柱が大事と常に説く武道家ならば分かるはずです。抽象的な話が多いといって、理念、方針の部分を読まないなんてことがないようにしてください。

経営理念、経営方針を決定し、広く指導員、道場生に認知させるとどうしても起きてくることが、理

念、方針〝だけ〟が中心になってしまうこと。

まさに文章だけを尊重してしまい、人と社会の尊重のための経営理念、経営方針であることを忘れてしまう人は、一般企業の社長でも非常に多いものです。そうした企業はやはり継続した経営はできません。

私が大好きで肉マイレージも１４０００まで集めた「いきなりステーキ」もそうでした。「いきなりステーキ」は出店拡大を急ぎ、近隣の同店で共食いが起きてしまい失速。その後、多くの同業他社の参入と、新型コロナ流行の影響を受け、大幅な事業縮小を余儀なくされました。

「いきなりステーキ」を運営する株式会社ペッパーフードサービスは経営方針に「夢を実現する経営」という文言があります。また経営理念には、『お客様の笑顔　お取引先の笑顔　皆が喜ぶ私の仕事　地域社会も豊かにします』とあります。理念に従業員の存在がないのです。理念に従業員を置いていれば、〝夢の実現〟だけに振り回されることもなく、共食いも防げたのかもしれません。

道場経営も同じです。自らが従業員や道場生（顧客）から離れることによって、従業員や道場生（顧客）も道場から離れてしまう。理念にも、方針にも、〝人〟の存在がなくてはならないのです。このように書き表してみると当然といえば当然と納得できます。

これは道場経営にも同じことがいえます。

武道が好きで始めたにも関わらず、組織が大きくなっていくにつれ、武道のため、社会のため、道場生のためという気持ちを忘れていってしまう。結局、多くの組織が、組織のための運営に成り下がってしまい、そこに嫌気を覚えた人達が新たな組織を形成する。稽古する内容は全く同じであるにも関わらず、ただ運営スタイルが違うというだけで〝流派〟を名乗ることが、私の生きている空手業界には多くあります。これは〝流派〟というものを完全に誤解しています。流派名は屋号ではありません。

そうした理念、方針が形骸化しないためにも、結局、誰のための道場であるのかということを決定付ける必要があります。

それはクレドという企業活動の拠り所である価値観や行動規範を書き表すためのツールで明文化します。クレドとはラテン語で、信条、志、約束といった意味です。そして、それがマーケティング的にも、後々の項で説明する顧客ターゲットの設定へと繋がっていきます。

私の道場では以下のように、クレドというものを考えています。

この〝クレド〟という考え方は、私が20代の頃にお世話になり、ビジネスのノウハウを学ばせてもらった全国のセミナーコンテストという一大ビジネスイベントを創始した立石剛先生に教えて頂いた考え方です。クレドというのは〝信条〟という意味であり、ある種、自分自身や顧客との約束であると聞きました。

私自身は、このクレド（信条）を経営理念、経営方針を決定、転換、ブラッシュアップなど、変化させる際に、絶対に譲ってはならない部分のことだと捉えています。

私はこのようにクレド（信条）を設定しています。

『経営は従業員と道場生のため。
キャパシティを超える努力はしない。

キャパシティを広げる努力をする。
それは一人一人と向き合うため。
人生に有益になる空手の指導。
人生を無駄にさせない空手の知恵。』

こうしたクレドを掲げている以上、私の武禅館は理念、方針が形骸化することはありません。あなたも自分自身の経営理念、経営方針を考える際の信条を表してみるべきだと思います。何のための理念か、何のための方針か、何のための武道か、人生の中で何を一番大切にしているのか、この４つを意識してクレドを組み立ててみて下さい。

第4章

夢を具体的に実現する道場経営の骨組み

1 地元より地域を意識して常設道場を作る

前章では、経営理念、経営方針を作りました。

本章からは、実際に利益に直結する仕組み作りをしていきます。

どのジャンルでも例外なく必要なのが、経営計画、実行計画をしっかりと立てることです。それは、お金を回していくための仕組み作りとも言えます。

第1章でも述べましたが、まずは常設道場を持つことが重要です。それが計画の第一歩とも言えるでしょう。常設道場として貸店舗や貸倉庫を不動産屋から借りる際に、意識して欲しいのは〝顧客ターゲット〟という言葉。要するに「どんな人に道場生になってもらいたいか」ということです。

多くの道場経営者はこの顧客ターゲットについて深く考えていません。ざっくりと「うちは大人だけ」「うちは子供だけ」「うちは大人と子供と両方」と大雑把にしか決めていない状況はもちろん、「とにかくうちの近所で道場をやりたい」と安直な考えの人が多くいます。結果として自分自身が得意な指導対象と土地柄が合わず、道場生が集まらなくて廃業してしまうパターンは意外と多いものです。地域社会に貢献することは、事業者、経営者としての責任ではありますが、何も〝地元〟と限定しなくてもよいのです。

いかに経営理念や経営方針をしっかりとブラッシュアップしても、結局、こうした顧客ターゲットの深掘りをせずに、常設道場の場所を決めてしまうから、利益に繋がっていないケースがあまりにも多いのです。ブランド力、人格、腕前共に優れているとしても、それは同じこと。中身がよければ、どこでやっても同じではないのです。むしろ、その逆で、中身がなくても、場所がよければ上手くいくキッカケにはなります。

私は以下のように設定いたしました。

- **メインターゲットは、料金負担を安く抑えたいと考え、子供の成長において起こる生活習慣や人間関係の変化について不安を抱えている世帯の小学校低学年の子供。**
- **サブターゲットは、親子コミュニケーションに不安を抱える30代後半から40代前半の保護者。**

こうしたターゲットを立てているのには理由があります。

私がまず一店舗目として出店した名古屋本部の所在する名古屋市緑区は、名古屋市の中でもベッドタウンとして有名です。名古屋市中区方面の会社に通う世帯、三河方面にある会社に通う世帯などが、交通の利便性の高さから住居を構えるのに適した土地です。

名古屋第二環状線、名古屋高速など有料道路も充実し、国道1号線、国道23号線、国道302号線など主要道路も区内にあります。乗車賃200円の市バスの停留所も充実し、JRを始め、名古屋鉄道、10年ほど前には地下鉄もできたという新興住宅地の側面もあります。まだまだ新しい分譲地は開発されているので、今後も発展が見込める土地です。

私は名古屋市緑区に名二環が延長することや、地下鉄ができるという話を聞きつけて13年ほど前に、この土地に住んで商売を始めることを決めました。私が引っ越してきた時は、まだまだ山も多く、歩け

ばタヌキとすれ違う町でした。
「この町は必ずベッドタウンになる」という予想は当たり、今では大型ショッピングモールも3件あるほどで、その急成長ぶりは全国でも話題になり、数々の企業がこの名古屋市緑区で大型店舗を開店しています。私の予想は見事当たりました。
公共交通機関も充実していますし、ショッピングモールも区内に3件あるというほど、子供だけで出掛けるというのが当然というような土地柄です。また、教育水準も高く、一人の子供が2～3つの習い事をするのが当たり前で、5つも習い事をしている子供もいます。
また、習い事も、長年続けるというわけではなく、1年か2年ほど経って、芽が出ないようならば辞めさせるというのが、親世代の考え方です。「長年続けるものだ」というのが当たり前の風潮である武道界において、こんなことを言うのは批判の対象になるかもしれませんが、私自身もこの考え方は正解だと考えています。人生の時間は限られています。また、学習に専念できる〝子供〟という時期は人生の中で考えると非常に少ない。だからこそ、子供の才能を開花させられないような指導者の下に5年も10年も通うというのは時間の無駄以外の何者でもないのです。

武道指導者は「最近の若い親は子供をすぐに辞めさせる」という愚痴ばかり言って対策を何も講じないというケースがあまりにも多くあります。もう時代は違うのですから、考えを改め、顧客ターゲットを決める段階から、私達はこのことを頭に入れておかなければなりません。

私の総合空手道武禅館では、メインターゲットを設定する際に、「複数の習い事をしている子供」と「親から見て上達が感じられないなら辞めさせる」という状況を前提にしています。ですから、武禅館の指導はワンレッスン1時間制なのです。

武道は学習塾やスイミングスクールと比べられ、どれを辞めさせるかと取捨選択される時、優先度が極端に低い傾向にあります。私達のような武道道場経営者は、大して進学などに影響を及ぼさない二次教育産業だからです。学歴社会は終わりました。それは学歴が必要のない時代になったのではなく、学歴はあって当然と見られるようになっている訳で、当然、親の教育に対する意識は、昭和や平成の頃よりも遙かにシビアになっています。

二次教育産業がこうした取捨選択の際に選ばれるようになるには、まず二点に気をつけなければなりません。それは〝常に必要だと感じさせること〟そして、〝家計に圧迫をかけないこと〟です。この二点を満たしていなければ、いかに〝好き〟や〝楽しい〟を引き出しても選ばれる武道道場にはなりません。結局、〝好き〟や〝楽しい〟は選択の最終要因にはならないのです。

そうした点を考えると、小学校低学年の子供をメインターゲットにすることは正解です。なぜなら、この時期は様々な成長過程で受けた影響において、大きく人生が変わり、また親の抱える不安も大きいからです。

私はマーケティング的な視点から見ても、「料金負担を安く抑えたいと考え、子供の成長において起こる生活習慣や人間関係の変化について不安を抱えている世帯の小学校低学年の子供」と設定したのは正解だと考えています。

特に親という立場になってみて、自分自身が初めて気付けたことがありますが、やはり子育てにおいて不安は常につきまといます。成長し、学年が上がることは喜ばしいことなのですが、やはり今後、親の目を離れたときの子供の人間関係や生活態度、習慣は大丈夫なのだろうかと様々な不安が起こってきます。子供が幼稚園や学校でイジメられないだろうか、またはその逆もあり得ますし、自分の意見を言えずに、友達ができないのではないかと様々な不安があります。

そうした不安を払拭させるには、子供自身に強くなってもらうしかありません。しかし、「では何か武道や格闘技を習わせよう」と思っても、やたらとネットニュースで出てくる情報といえば「格闘家の誰と誰が舌戦」といったようなトラッシュトークの話題や、目につくのは、日本人なのに肌にタトゥーを入れているような選手や指導者の姿。いかに最近はタトゥーがファッションとして認識されつつあるとしても、やはり子供を預ける身分としては心配なものがあります。

学習塾はもちろん、スイミングスクールでも肌にタトゥーが入っていたりするのは絶対NGです。しかし、武道の中でも、特に空手道場だけが緩い傾向にあって、やはり子供の保護者から選ばれにくいという傾向があります。業界全体が今一度、〝選ばれる教育法〟というものについて考え直す必要があると私は考えています。それが武禅館の武道教育、武術教育です。

これらはあくまで私の考え方であり、この名古屋市緑区がその私の考え方に合う土壌だったというだけであり、当然のことながら、顧客ターゲットは自分の考え方と、その土地に合ったものにしなければなりませんし、その逆も然りで、常設道場を開設する土地も顧客ターゲットにあったものにしなければなりません。

過去に私の武禅館は、三重県桑名市、岐阜県可児市に支部を開設したことがあります。これらは地域柄、車移動が中心となるライフサイクルであることに加え、人口割合も子供の数は決して多くはありません。また一軒家も多く、人の密集率も低い地域でした。そうなると子供に複数の習い事をさせるという感覚はなく、また、昔ながらの人付き合いが主流の町ですから、上下関係に関する意識は名古屋とは異なります。そうなると、武禅館の方針に魅力を感じてもらえません。この地域の支部開設は失敗しました。

それ以降、私は〝地域性〟を重視することにしました。

２０１８年に岐阜県多治見市に支部道場を開設し、月2~3人の入会者を獲得し、順調に売上げを伸ばし、２０２０年10月、コロナ禍中において常設道場2店舗目を開設しました。

やはり、地域性を考えず、ターゲットを考えず、道場を広げていくのは危険です。

ベッドタウンでしたら、住居を構える人が多く、他地域で働いて帰ってくる、というライフスタイル、となります。仮にストレスを溜めたサラリーマンが顧客ターゲットだとしましょう。サラリーマンがベッドタウンに戻る頃には、もう既にストレスや疲れはピークでお休みモードに入っているかもしれません。そうなると、「よし、これから運動を」という気持ちには中々入りにくいでしょう。通常の道場と路線を変更し、その気持ちにスイッチを入れる〝何か〟を用意するか、またはターゲットを変える必要があります。

顧客ターゲットを決定するには、コツがあります。それは、この3点を考えることです。

・その地域でよく話題に上る困り事は何か？
・そして、その困っている人は、どんな人か？
・そして、その困り事の解決方法をあなたは心得ているか？

あなたにしか救えない人が、あなたにしか解決できない問題を抱えた土地はたくさんあります。徹底的にリサーチし、それから常設道場を出すのも悪くありません。

はじめは公共施設でプレオープンという手もなくはないですが、正直なところ言いますと、このコロナ禍、またはアフターコロナの社会においては、それは通用しないのではないかと私は考えています。

自分にはこれができる！
この土地はこの困り事がある！

この困り事なら自分が解決できる！
それが実現できる土地を探し、その場所に常設道場を出すことが大切です。地元に囚われてはいけません。

2 満足度を上げるタイムテーブルの作り方

一般的な道場なら会員区分をこのように分けると思います。

- 子供
- 大人

この書をお読みの方の多くは恐らく公共施設など時間借りの施設で、限られた時間枠の中で道場を運営しているかと思います。その場合、子供と大人と一緒の時間帯に合同で稽古することも多いと思います。

そうした道場は残念ながら成功しません。

なぜなら成人会員の満足度が向上しないからです。満足度が向上しなければ辞めてしまいます。成人に辞められてしまうと、今後指導を任せようとする人材、従業員候補が育ちません。やはり、この狭い武道業界、いつでも、どこからでも指導員が確保できるわけではなく、やはり自道場で数年間、修行した道場生が、その延長線上で従業員になるというケースの方が圧倒的に多いかと思います。

空手のような打撃の多い武道はもちろん、柔道、合気道など組み技を行う武道において、大人と子供が組んで練習をするとただの子守になってしまい、「託児所」と揶揄される結果となってしまいます。必ず体格差や技術差のある大人と子供とでは分ける必要があります。

仮に、あなたが公共施設を借りる時間帯を火曜の18時から20時30分までとしましょう。大人と子供と一緒に練習をすれば、2時間30分練習できます。

子供の習熟度は上がっていくでしょう。子供が上手になれば親の満足度は向上します。子供専門の道場でやっていくのだとすれば、現状のままでも多少は問題ないでしょう。しかし、常設道場を構えて規模拡大、収益拡大を狙うのなら別の話。成人会員を育て、いずれ従業員として共に指導をする仲間になってもらわなくてはなりません。常設道場を構えても、公共施設で大人も子供もごっちゃ混ぜのまま稽古していたのでは、成人の満足度は下がり、インターネットなどで「子守をさせられる」、「まるで託児所」などといった評価をされかねません。

そこで子供と成人の練習時間を区別する必要があります。例えば、今までのように18時〜20時30分までの2時間30分、公共施設で費やしていた流れを利用して考えると…

- **18時から19時…子供クラス**
- **19時15分から20時30分…大人クラス**

といったように時間を分けることができます。それだけでなく、子供と大人との月謝に違いをつけることも可能となります。

しかし、問題はあります。一回の練習時間が少なくなるので、指導内容のボリュームは下がると共に、

子供と大人を別クラスに

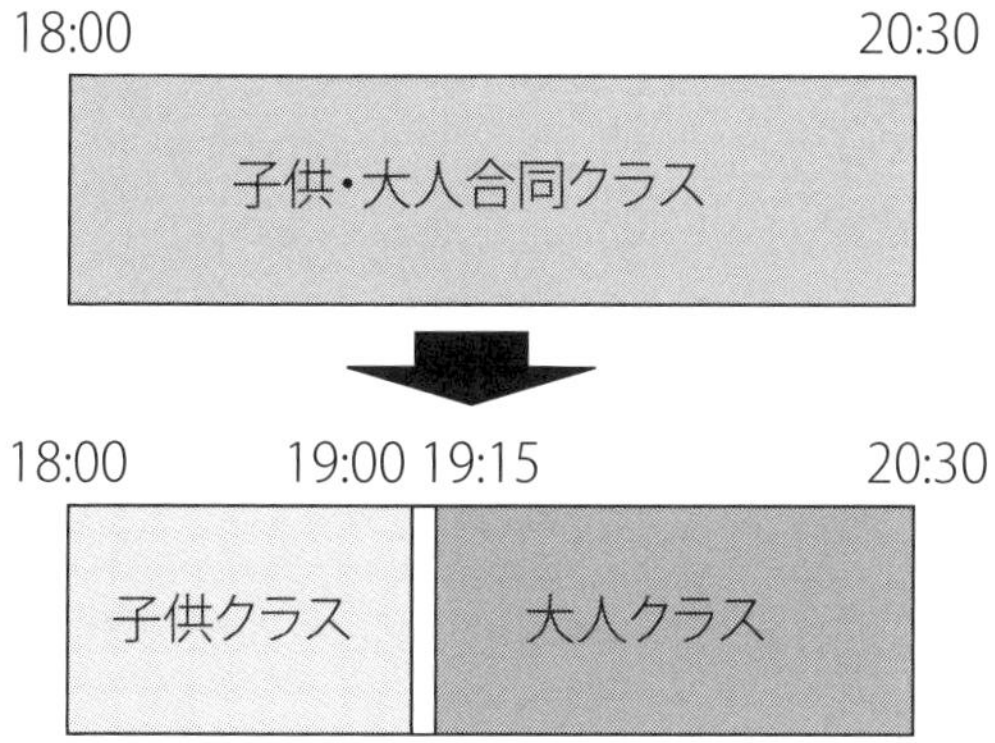

他曜日もクラス増設することによってキャパシティ増加

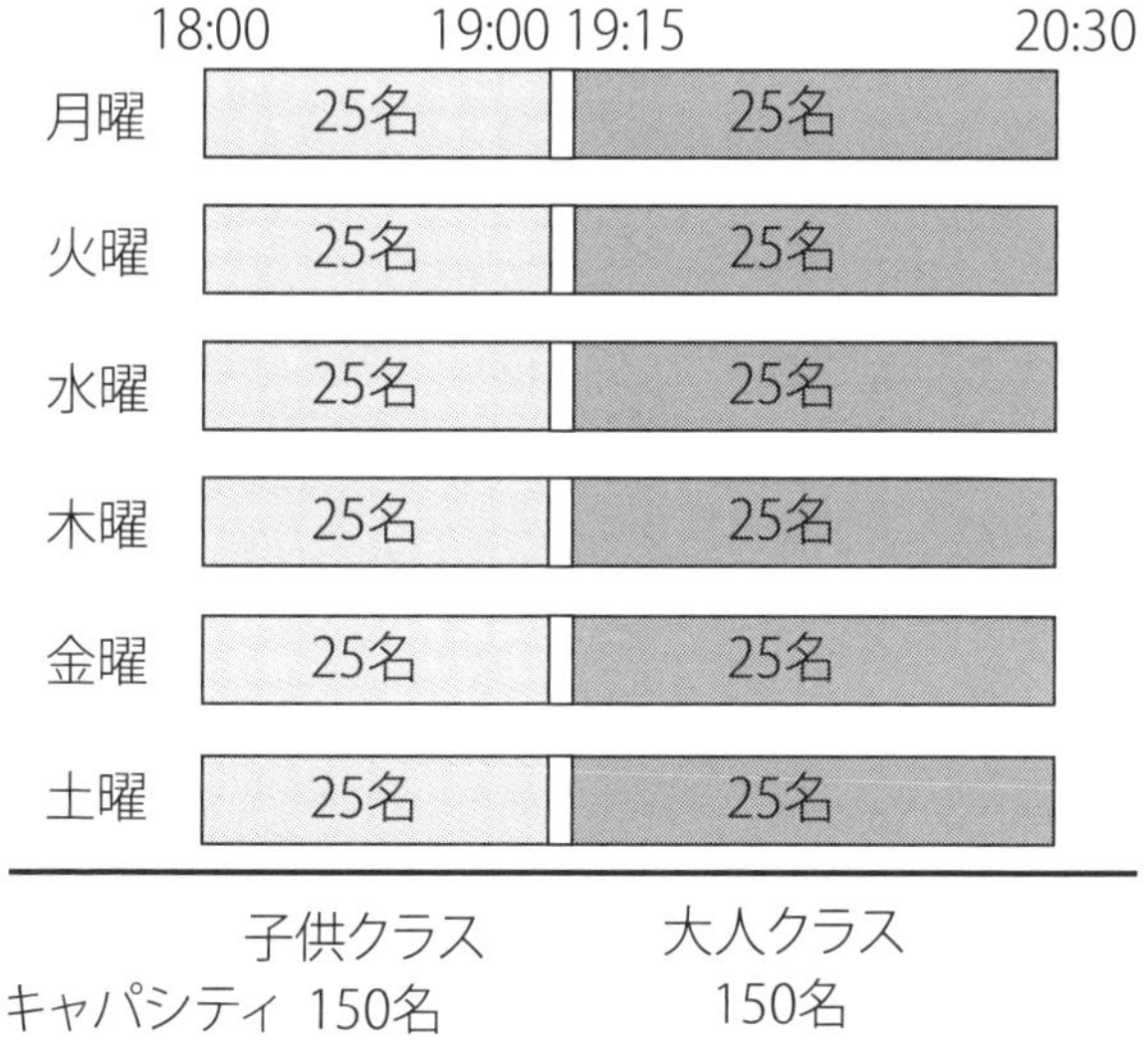

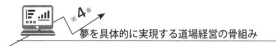

名古屋本部タイムテーブル

	月	火	水	木	金	土
9:00						9:30〜10:15 幼児、小中、親子
10:00						10:30〜11:30 幼児、小中、親子
11:00						11:45〜12:30 小、中学生 キッズMMA空手
12:00						
13:00						13:00〜14:00 幼児、小学生
14:00						14:45〜15:15 古流武術研究
15:00	15:30〜16:30 幼児、小学生			15:30〜16:30 幼児、小学生		15:30〜16:30 幼児、小、親子
16:00	16:45〜17:45 幼児、小学生			16:45〜17:45 幼児、小学生		16:45〜17:45 幼児、小、親子
17:00			17:30〜18:45 幼児、小学生			
18:00	18:00〜19:00 小、中学生				18:15〜19:15 幼児、小学生	18:00〜19:00 小、中学生
19:00	19:15〜20:30 中、高、成人	19:45〜20:45 フィジカル＆MMA	19:00〜20:30 小、中、高、成 形専科クラス		19:30〜20:30 WKF組手＆形強化クラス	19:15〜20:30 中、高、成人
20:00	20:30〜22:30 中、高、成人 MMA空手		20:45〜21:30 中、高、成人 ストライキング特化		20:45〜21:45 中、高、成人	20:30〜21:15 中、高、成人 ガチスパー会
21:00						
22:00						
23:00						

一時的に習熟度は下がります。それに比例して満足度も下がる可能性があります。それを避けるために、クラスを金曜などにも増設する必要があります。

そうして火金クラスの完成です。このクラスの定員は各時間毎に25名ほどとします。

一日最大50名となる計算です。火金クラスの集客が成功する兆しが見えたのなら、今度は月木、水土のクラスを増設していく必要があります。

こうして段階を踏んで増設することにより、あなたが仮に本業を持ちながら副業として行っている方でも、6つのクラスが開設可能となり、最大150名のキャパシティを持つことができるわけです。こうして道場経営を徐々に副業から本業にシフトしていくことができるのです。

私の場合は、名古屋道場ではこのようにタイムテーブルを作っています（前ページ参照）。

まだまだ人材確保に難航していて、多治見道場との並行指導もある兼ね合いからアイドリングタイムが多いという欠点はあります。

私の名古屋道場は公共施設で稽古していた当初、月金だけの稽古日でした。そこから常設道場を開設してからは、日曜以外は全日営業というタイムテーブルを取ったため、増設した新クラスが多く、新規入門者を集めるためにも、現道場生にはある意味でサクラのような役割を果たしてもらわなければなりませんでした。そのため、週3回まで通えるという上限値を決め、各クラスに散籍してもらいました。

現在では、従業員待遇向上を実現するために、利益確保に努め、安売り路線の脱却を図っています。

今現在は全てのクラスが満席に近い状態になってきたので、通える上限値を週1回と定め、もっと多く稽古したい子供達には、通い放題コースも用意しています。

1月　■：定休日

月	火	水	木	金	土	日
	1	2	3	4	5	6
7	8	9	10	11	12	13
⑭祝	15	16	17	18	19	20
21	22	23	24	25	26	27
28	29	30	31			

3 休日がコロナ休業要請から身を助ける

定休日は日曜日だけではダメです。必ず祝日と第五週目曜日は定休日にして下さい。他にもGW、盆休み、年末年始休みなど様々な休日を設定することが必要です。決して無理をしてはいけません。

例えば、上掲のような月間営業スケジュールで運営するとします。

日曜日だけが休みで、他は全て稽古。熱心な武道の先生にこそありがちなスケジュールです。道場を丸々1日任せていられる従業員（指導員）がいるとしても、このスケジュールは正解ではありません。

もし、あなたが、または丸1日道場を任せている従業員が、家族が事故に遭い駆けつけなければいけなくなったらどうですか。道場を臨時休業せざるを得ないですよね。従業員数が多くいて、交代が容易な道場なら問題はないかと思い

1月　　:定休日

月	火	水	木	金	土	日
	1	2	3	4	5	6
7	8	9	10	11	12	13
⑭祝	15	16	17	18	19	20
21	22	23	24	25	26	27
28	29	30	31			

ますが、本書に沿って、これから常設道場を開設しようという方にとっては厳しい問題かと思います。

しかし、上掲の定休日設定ならいかがですか？

日曜に含め、祝日と第五週目曜日が休み。先ほどの例のように10日木曜日に家庭の都合で臨時休業せざるを得なくなったとします。このスケジュールの組み方ならば、10日を休みにした分、31日定休日を振替営業日として代替措置

第五週目曜日を休みに設定しておけば、臨時休業しなければならなくなった日（10日木曜日）が発生した時に、振替営業日（31日木曜日）を設けることができる。

1月　　:定休日

月	火	水	木	金	土	日
	1	2	3	4	5	6
7	8	9	~~10~~	11	12	13
⑭祝	15	16	17	18	19	20
21	22	23	24	25	26	27
28	29	30	31振			

することができるのです。

このように振替措置を行いスケジュールを変更すれば道場生の不満も少なく済みます。木曜日にしか通えない生徒が、月5回の稽古が月4日に減ったとなると〝減った〟という印象ばかりが際立ち、不満の原因となってしまいます。しかし、月4回の稽古が、通える日は変わったものの月4回を維持できれば溜飲は下がるというものです。

休まなくてはいけない状況というのは、人生によく起こるものです。私自身も、娘、息子の幼稚園の行事には必ずと言っていいほど出席するようにしているので、道場を休みにしなくてはならない日が当然出てきます。そうした場合にも、振替措置に対応できるように、祝日と第五週目曜日を定休日としておけば、サラリーマンが有給休暇を使う感覚で気軽に休むことができます。

私は2年ほど前に、網膜剥離の手術で長期間休みにしなくてはなりませんでしたが、この定休日設定があったおかげで振替措置ができ、退会を防ぐことができました。入院が決まった時は、新規入門者の保護者からは「どう対応するのか」と不安の質問を多く頂きましたが、営業再開後の祝日、第五週目曜日を臨時休業日数分を振替営業日とし、退会を免れました。コロナ禍においても同様です。休業要請の際は、毎年の繁忙期を逃して例年よりも月間売上は繁忙期特需分は下がったものの、振替措置対応のおかげで退会者が数名に留まり、運営や生活に必要な最低限度の売上を得ることはできました。

今後、また感染症の流行や、災害での対応で臨時休業せざるを得ない状況は必ず訪れます。そんな時に意外と身を助けるものの一つが〝定休日〟なのです。

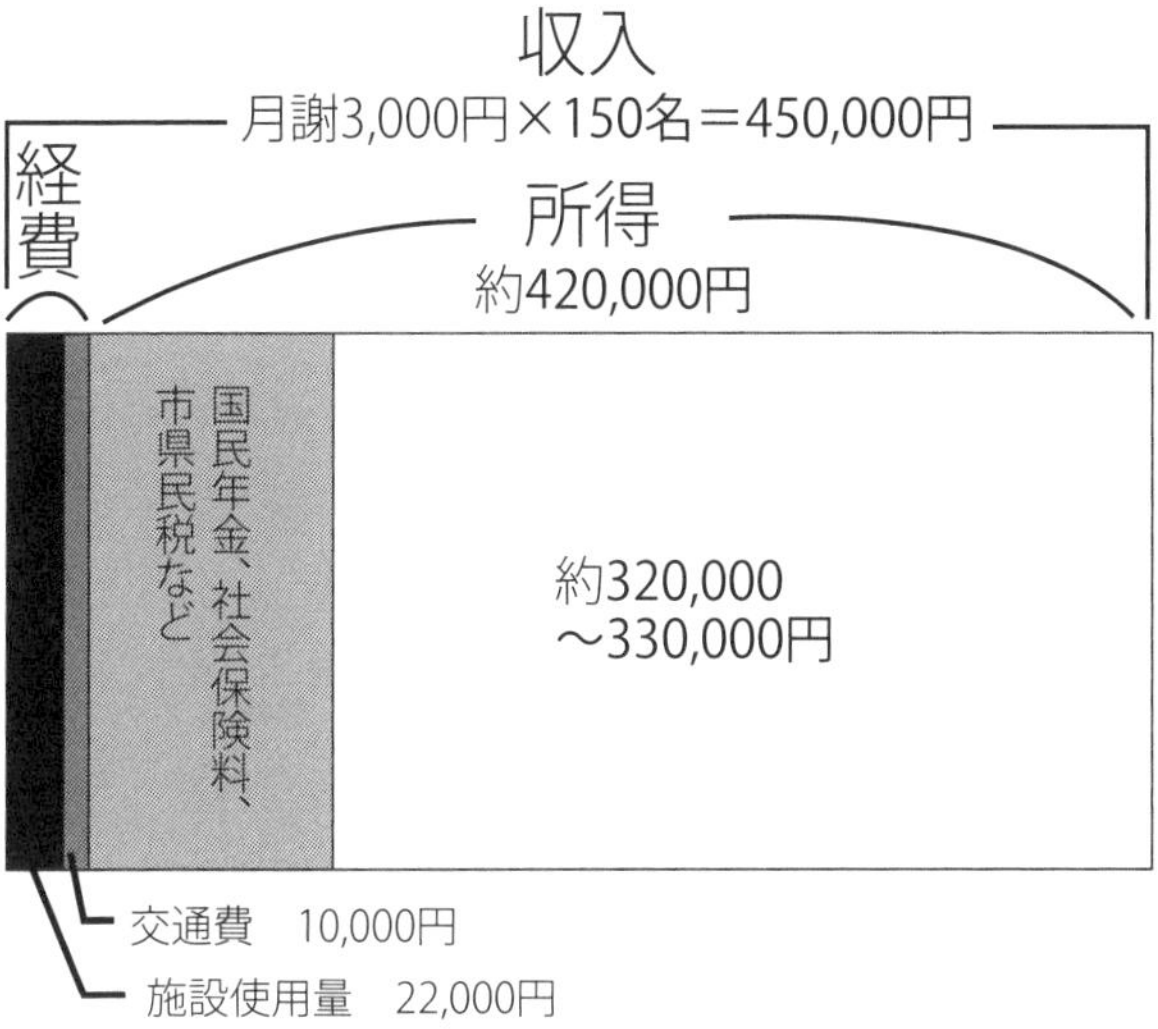

4 会員種別と月謝の価格設定について

あなたの道場は月謝いくらですか。当然の話ですが、月謝の価格設定で収入の８割ほどが変わってきますので、気をつけたいところです。

例えば、あなたの道場は月謝３０００円だとします。先ほどの項での例を引用しますが、あなたの道場の最大キャパシティが１５０名とします。しかし、これでは単純計算で最大45万円しか稼げません。

45万は多いと思う方は間違っています。例えば、公共施設で道場を運営しているスタイルだとしても、月１万２千円としてます。それを週２回借りれば、月に２万４千円が経費としてかかってくるわけです。

また、道場に通うまでの交通費も経費としてかかります。仮に1万円としておきましょうか。少なく見積もっても、経費を差し引いて月42万円程度が所得となります。そこから国民年金、社会保険料、市県民税などを支払います。合計で6万程度としておきましょうか。

手元に残るのは36万円です。もちろん、そこから所得税、個人事業税、車の重量税…など様々な税金もあることを忘れてはいけませんので、32〜33万円程度ではないでしょうか。私はサラリーマン経験が乏しいので、自分の年齢での平均月収がよく分かっていませんが、恐らく、30代後半や40代で30万円前半の給与といえば、少ない部類に入るのではないでしょうか。これでは、道場経営者、いわゆる〝社長〟としての価値がありません。

前記の例のように副業としてならば、この収入はかなり良い方であると思いますが、本書はあくまで職業としての道場経営のためのものなので、月謝設定のままでよいとはいえません。

今度は副業レベルの経費ではなく、本業として行うための経費計算で行ってみます。

例えば、月謝3000円の価格設定で、常設道場運営をしているから300名とします。月謝から得られる最大月間売上は90万円。そこから、賃料相場は地域にもよりますが、私の道場で考えると月13万円ほどの家賃。また、コロナ予防のために手洗い、清掃などの回数が従来よりも多いため、1万円の水道料金、電気は春秋、夏冬では空調使用頻度が違いますが、1年間を平均して考えると月1万円くらい。ガスがよほど使わないので契約しないとして、インターネット、電話などの通信環境も必要になるかと思いますので、合わせて1万5千円ほどと考えましょう。交通費は同じように1万円と考えます。他

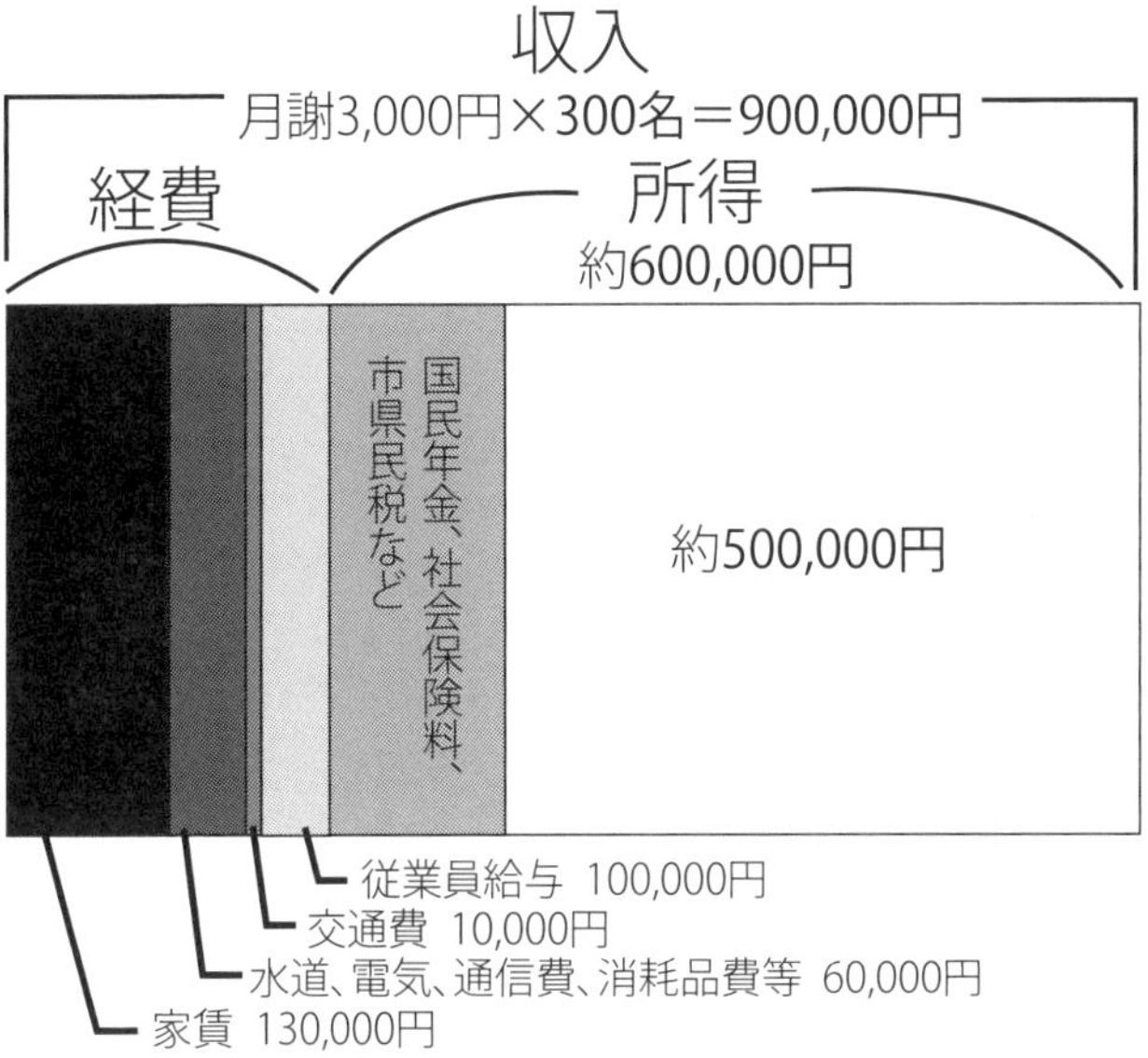

にもティッシュや消毒液など消耗品の購入でも意外と1万円〜1万5千円ほどはかかるものです。そして、従業員給与はアルバイトとして考えて10万円ほど。こうして考えると約30万円近くがランニングコストとして消えていきます。

手元に残るお金は60万円。そこから様々な公的支払いを済ませたら50万円程度。

ここから道場生募集のために、広告費をかけたり、設備投資をすると考えると、ギリギリ生活がしていけるか否かです。ただ、これはあくまで、最大限の努力をし、最大キャパシティまで到達した際の話です。道場経営をはじめたばかりの頃は、従業員給与は発生しないケースが多ですが、今後、道場を拡大させることを考えれば計算に入れるべきでしょう。

できれば、最大キャパシティの5分の3である90名ほど集めれば、普通の生活が送れるということを最低条件として価格設定した方がよいです。

地域差はあるかと思いますが、地方都市に道場が所在しているなら、最低6000円以上に設定、郊外で生活しているなら3000円~5000円の間に設定するというのが私の考え方です。これはあくまで最低額の話です。例えば、会員種別を幼児、小学生、中高生、成人と分けているのならば、一番単価の安いクラスでの話と考えてもらえればよいです。

この5分の3ほどの最低条件に合わないのならば、すぐにでも値上げを敢行すべきです。今後、また消費税が増税されることになったら、それを理由にすることもできますし、駐車場の増設など設備維持を理由にしてもよいと思います。

しかし、先ほどまで語っていたのは、あくまで最低条件のお話しです。ここから実際の価格を決定しなければなりません。

その前に、一つ問題です。これは実際によくあるお話です。

町内会などが公民館で開催している500円のダンス教室があります。一方、同地域に月会費6000円ほどで通えるダンス教室も存在します。

なぜ、月6000円のダンス教室は、同地域に月500円のライバルがいるにも関わらず、6000円という強気設定ができるのでしょうか?

それは、マーケティングでいうペルソナという考え方で分析します。

500円のダンス教室にはどういう生活スタイルの人が集まるのでしょうか。

・町内に在住。
・習い事や趣味にお金をかけたくない。
・町内で和気あいあいと通えるところがいい。
・本格的なダンス習得の自信がない。
・ダンス技術習得よりも健康作りが目的。
・本格的なレッスン教室は敷居が高く感じ入りづらい。
・本格的なダンス教室に通う人とモチベーションが違うので、周りと仲良くできないというコミュニケーション上の不安がある。
・飽きたらすぐに辞められるようなところがいい。

というような生活スタイルが想像できます。こうした顧客のライフスタイルをイメージして、顧客ターゲットを決めたり、価格設定をする材料にすることを〝ペルソナ〟といいます。

反面、6000円のダンス教室にはどのような人が集まるのでしょうか。

・ダンスが好き。
・本格的にダンス技術を習得したい。
・自宅から車で15分以内の距離にある教室がいい。
・家計を圧迫しない程度の月謝価格がいい。

・趣味の合う友達ができたら嬉しい。
・ダンスを覚えるついでにダイエットや健康作りもできたら嬉しい。
・公民館ではなく、鏡張りのスタジオでダンスを踊りたい。

こうしてペルソナを分析してみると、500円のダンス教室と、6000円のダンス教室とでは、集まる客層が全く違うということが分かります。

仮に、12000円のダンス教室があったとして、ペルソナを考えてみたらどうでしょう?

・アーティスト気分が味わえるセンスのあるスタジオで練習したい。
・指導実績のある先生から学びたい。
・ステージに立ってダンスを披露してみたい。
・アメニティが整っているスタジオがいい。
・シャワー、貸出タオルなどがあるスタジオがいい。

といったペルソナが浮かび上がります。

500円のダンス教室と、12000円のダンス教室とでは全く別世界であり、サービスの違うことが想像できますね。

そこで、あなたの道場の持つポテンシャルやサービスに沿って、顧客(生徒)として来るであろう人のペルソナを考えてもらい、月謝価格を決めて欲しいのです。

あくまで最低価格以上で決めて下さいね。

私の道場でいえば、ポテンシャルとサービスはこうです。強みだけでなく、弱みも書き出していきます。


【強み】

・急行停車駅より徒歩8分。
・108平米の運動スペース（名古屋市民の感覚では広い）。
・伝統派空手だけでなく総合格闘技クラスもある。
・子供会員は子供クラス（伝統派空手）のみ参加可能。
・家族での入会の場合、月謝500円割引。
・マットは4cm厚手のものを使用。
・キックミットなどの練習用具が豊富。
・実際にイジメを克服した子供生徒が多い。
・15時～23時まで営業時間がある。
・競合は公民館で練習しているが、当道場は常設道場。
・駐車場6台完備。
・区内主要道路の交差点にある。

【弱み】

・競合が同地域に8道場もある。（競合は武禅館を意識して月4000円に下げた）

・サンドバッグなど自主練用具は充実していないので、フリータイムは作れない。

・看板を設置していない。

・ビルの3階なので通りすがりの人に、練習風景を見てもらえない。

こうして強み、弱みを書き出していくと、どんな生活スタイルの人が顧客（生徒）となるのかが見えてきます。

私は、このようにペルソナを考えました。

【ペルソナ】

・空手を習っていることを近隣住民に知られたくない。

・怪我で仕事、学業に支障をきたしたくない。

・他の習い事や趣味もやりたいので、経済的負担の少ない道場がよい。

・マットが敷いてあって転んでも安全な道場がよい。

・空手にも興味があるが、総合格闘技にも興味がある。（成人）

・駅から近く、徒歩で通える道場がよい。

・試合実績を残すより、実生活の趣味が欲しい。

入会金	少年部〜一般　¥5,000			
	事務手数料		¥3,000	
年会費	毎年３月に月会費と合算		¥7,000（中途入会は月割り）	
月会費	少年部	週１	¥4,600	年契約¥4,100
		通い放題	¥6,000	年契約¥5,500
	中高生　中学生		¥5,000	年契約¥4,500
※年契約は１年分を一括で支払う制度	一般		¥6,500	年契約¥6,000
	女性		¥3,500	年契約¥3,000
	オンライン会員		¥2,500	
審査受講料	●昇級昇段¥6,500（黒帯のみ購入費¥8,000加算）			

・保護者見学が必要のない道場がよい。（子供）
・保護者会など煩わしい集まりのない道場がよい。（子供）
・通える時間帯を選べる道場がよい。

そうしたペルソナが浮かびました。

【顧客ターゲット】

メインターゲット…小学校低学年の子供。
目的：ターゲットの子供達にイジメない考え方、イジメられない振る舞い方を伝える。

サブターゲット…30代の保護者。
目的：イジメの予防、親が子供に努力する姿勢を見せ、家庭の努力習慣を改善。

問題を抱えている人は〝経済的不安がある〟と答えるケースが多いというデータもありますので、私は経営理念に沿って、上掲の価格設定をしています。

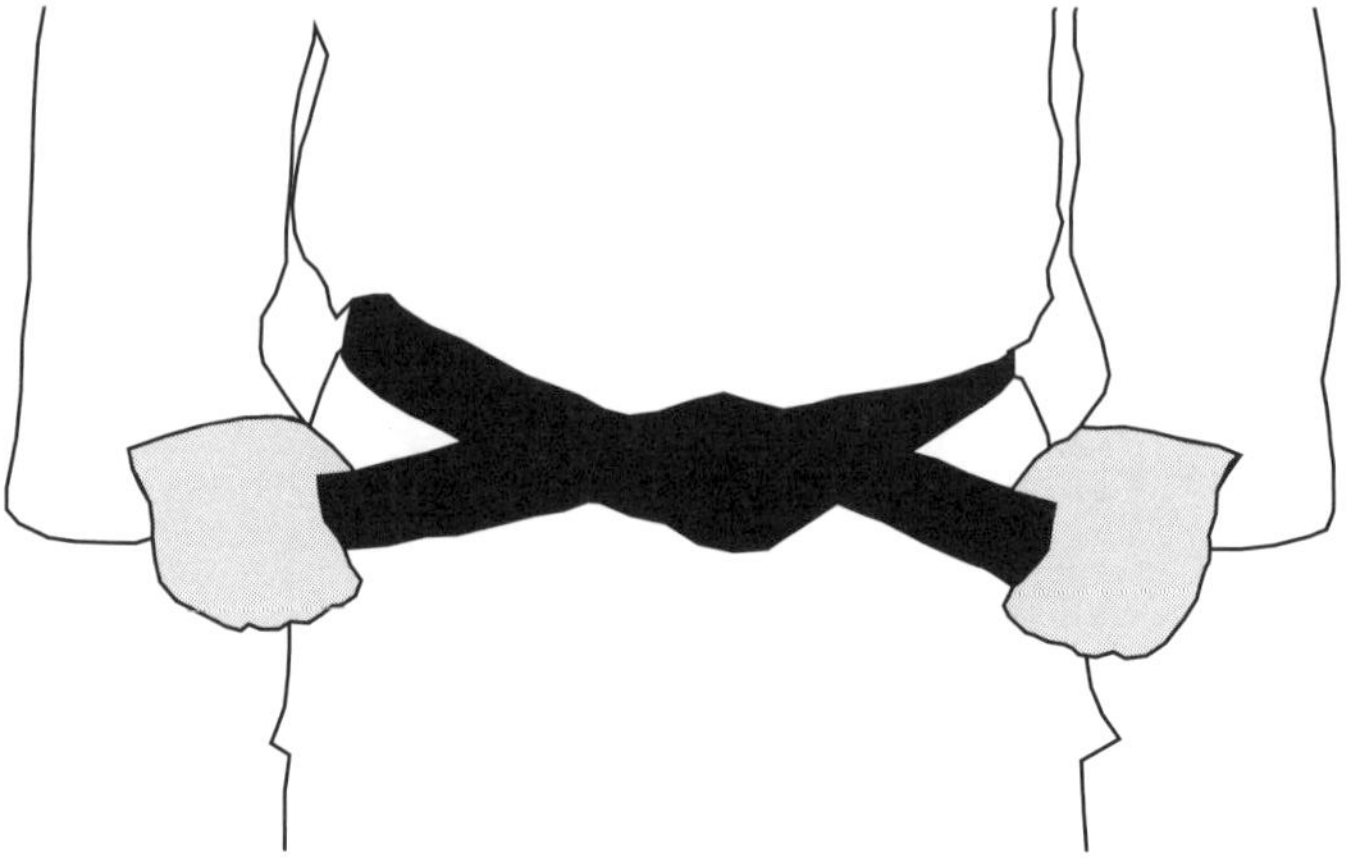

常設道場として考えると非常に安値であると思います。

月謝設定には必ず、その根底に経営理念、経営方針が反映されていなければならないというのが、私の考え方です。理念、方針が反映されず、ただ利益重視のために値段を高くしては、「イジメを受けている人は生活が豊かでない人もいるのに、月謝が高くて通えない。イジメ予防に！なんて、ただ綺麗事を言っているだけ」と、認識されてしまっては、本当に集めたい人を集めることができずに終わってしまいます。

地域に同在する競合道場との価格競争ばかりを意識し、利益度外視の値段設定では、継続した経営を実現できず、経営理念、方針も絵空事になります。それでは人が集まる道場になりません。

奇麗事にも、絵空事にもならない月謝価格設定を心がけましょう。

また、武道業界ではよくありがちな、黒帯など昇段取得に高額費用を徴収するケースもよいとは思いません。中には初段で5万円、二段で10万円と非常に高額な価格設定をするところも多いのですが、これは一般イメージとは大きく懸け離れすぎています。武道業界にいると、自分達の昇段制度を、茶道のように家元制度と同じように捉えます。そして、それを模倣し、昇級昇段を高額設定しています。

しかし、武道を知らない一般の人から見ると、武道と茶道が同じはずがないのです。茶道は多くの政治家、財界人との宴席の場で活躍するなど格式の高いものです。

武道は年々、その格式とは離れ行くものと化しています。歴史を紐解いてみても、武とは武士階級の嗜みだけではありません。農民や商人の間でも自衛の手段として、武術は親しまれてきました。私の住む岐阜県多治見市の諏訪町という地域を始め、その近隣の豊田市猿投などでは〝棒の手〟と呼ばれる農民階級の人々の間で伝承されている武術が今でも現存しています。武道に格式を求め、茶道の模倣をするというのは恐れ多いものです。

また、一般の人の中には、漫画や映画の影響で、黒帯は師匠に認められた時に渡されるものと思い込んでいる方もいます。

これからのご時世、昇段の高額設定は破滅を生みます。価格によって価値が生まれることもありますが、月謝とのバランスが合わなければ、当然、退会に繋がってしまうので、こちらの価格設定もペルソナを意識して、ターゲットに合わせるべきであると考えます。

5 月謝徴収は必ず口座振替で

世の中には、大まかに二種類のビジネススタイルがあります。

・フロー型ビジネス
・ストック型ビジネス

フロー型ビジネスというのは、例えば飲食店やスーパーマーケットのように商品を売る度にお金が入る仕組みのビジネスのことをいいます。そして、ストック型ビジネスというのは、携帯電話のように契約を交わすことによって定期的にお金が入ってくる仕組みのビジネスのことをいいます。

今では、多くの会員制スポーツジムなどでは、そうしたストック型ビジネスの仕組みをとっています。道場経営においても同じで、〝月謝制度〟というのはストック型ビジネスともいえます。もちろん、道場経営においては、この月謝制度というのをメイン収入に置くべきであると考えます。サブ的な収入源として、出稽古にみえる他道場在籍の方の稽古代や、昇級審査など各認定、各セミナーなどの受講費用などフロー型の収入を用意する必要はあります。

しかし、極希にですが、日々の稽古参加時に500円を徴収というスタイルをとっているところもあります。これはビジネスとしては成り立ちません。常に指導する内容を変え、スタイルを変え、常に魅力的かつ、効果実感の得られるようなメニューで行っているならば、道場生達も日々熱心に稽古参加し、退会率も少なくなるでしょう。しかし、人は必ず怠け心が出るものです。長年、稽古が習慣化された人間ならばともかく、昨日、明日に武道を始める人には努力習慣がありません。いずれ稽古に参加しなくなり、増収は見込めません。すぐにでも月謝制度に移行しなければ未来はありません。

先ほどの項で月謝の設定について触れましたが、徴収方法はどうしていますか？

まさか、あなたの道場、月謝袋で集金していませんよね？

月謝袋制は今すぐ辞めて下さい。

それではストック型ビジネスの体をとっているはずなのに、実質、フロー型ビジネスのような努力もしなければならないという状態に陥ってしまいます。〝モノ〟を売るビジネスでない限り、現金でのやり取りというのは、私はおすすめできません。

毎月コンスタントに来る生徒だけで、収益が成り立つ道場なら百歩譲ってよいでしょう。しかし、1ヶ月怪我で道場を休み月謝を滞納した、といったような道場生は必ずいるわけです。

翌月は2ヶ月まとめて払わなければならなくなり、また支払いの遅れが生じてしまったモヤモヤから道場に顔を出しづらくなり、足が遠のいてしまい、自然退会となる場合があります。そうなると収入が見込めません。いわゆる、取りっぱぐれを生むのが月謝袋制です。

月謝4000円ならば、一年間で48000円の損失となります。あなたは、ただ昔からの慣習だから、変更の手間が面倒だから、という根拠のない理由で48000円ものお金を無駄にしているのです。

また、私からいわせれば、月謝袋制には一つ一つ封を開けて、お金を数えて合計金額を算出するなどの事務的手間が大きくかかる他、退会に繋がりやすいという危険性を孕んでいる、経営的に将来性のない制度なのです。

かといって中には、銀行口座の自動送金サービスを利用している道場もあるでしょう。

自動送金サービスも辞めておいた方が無難です。

自動送金サービスとは、道場生自身が銀行に足を運び、道場名義の口座に毎月自動送金するように手続き〝させる〟という月謝徴収方法です。これは正直、道場長の怠慢です。

道場生はサービス業的な観点で見ればお客様。お客様に銀行に足を運ばせて、なおかつ面倒な手続きをさせるというのはサービス提供者の怠慢です。実際、この面倒臭さに負けて、入門を諦める人がいます。

では、どうすればよいか。

月謝徴収には、口座振替代行業者を使うべきです。私自身は三菱UFJファクターを利用しています。他にも様々な代行業者があるので、ご自身に合った業者を探してみてください。

口座振替代行業者とは、道場生に口座振替依頼者へ口座情報を記入、捺印をして頂いた後に提出すれば、毎月、自動的に口座振替ができるというものです。口座振替ならば、道場生にとっては手間が省けて入会率も上がります。

何よりも、この口座振替のよいところは取りっぱぐれのないというところです。月謝袋ですと、道場生が休んでしまえば集金できない。自動送金ならば、こちら側に操作権限がないので、相談なしに退会をしてしまい集金できなくなる。しかし、口座振替ならば、こちらにも操作権限があるので、道場生が相談した後、退会を決めるという流れもできますし、休んでいる間もしっかりと集金をすることができます。道場に来るのが億劫になっている幽霊会員からも月謝徴収を行うことができ、生徒側に「お金払っているから稽古行かなきゃな」と感じさせることも可能なのです。口座振替は生徒の努力を習慣化させるキッカケになります。

道場経営は、スポーツジム経営に見習うべきです。実は多くのスポーツジムは幽霊会員からの月謝徴収で成り立っている部分があります。

「このジム、そんなに会員数多く見えないのに、なんで成り立っているのかなぁ」と誰でも思うことですが、秘密はここにあるのです。

入門という契約を交わし、コンスタントに月謝が入ってくるストック型ビジネスに完全に移行できるようにすることが成功の絶対条件です。

6 ○○に対する規約を作る

特に気を付けておかなればならないのは、退会についての規約。

入門に関しては、皆、入門誓約書を書いて、お金を支払って…と順当に段階を踏んでくれるものですが、退会に関してはそうではありません。

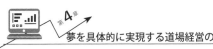

人と人との繋がりが希薄になっている時代だからか、いざ道場を退会するとなるとメールで「退会します」と送信するだけで挨拶にも来ないなんてことが当たり前に起きます。

寂しいものですよね。

一生懸命教えてきた生徒が、「辞めます」と一言メールに書くだけ。指導者自身としては師匠と弟子、人と人との繋がりと思って教えてきたつもりでも、そう思っていたのは自分だけなんてことに気付かされて悲しいものがあります。

生徒が子供だった場合、別の問題もあります。武道の稽古は楽しいことばかりではありません。子供にとっては、地味で退屈と感じる練習もあるかもしれません。もちろん、その練習の意味を子供達にしっかりと伝え、理解させていれば、そうした練習も楽しくなるものですが、全員に伝えられるかと言えばそうではありません。

子供自身が伸び悩み（スランプ）状態で、稽古が楽しく感じられないこともあります。辛く苦しいことからは逃げ出したくなるのが、人の心情というものです。そんな時、子供は親に伝えます。

「空手、退屈だし辞めたい」

良し悪しを述べるわけではありませんが、近年では子供には楽しいと思うことをやらせてあげたいと思う親が多くいます。また、伸び悩みを見て、「うちの子には向いていない」と自己判断してしまう親も多いものです。続けていれば、もっと大きな成長が見込めるのに、中途半端なところで辞めてしまう。

中途半端に辞めてしまえば、今までの稽古は子供にとって全て無駄なものとなります。

指導者としては「人生のどこかで学んだことを活かして欲しい」と願うばかり。

指導者としては潰れてしまいそうな心を、そうやってグッと堪えています。

正直、生徒の退会は月謝収益が減る以上に、精神的にすり減るものが大きいもの。そりゃそうですよね。武道の先生をやろうと思う人で、武道が嫌いな人はいませんから。

そもそも好きなことを仕事にしているわけで、生徒ができるということは、その好きなものを共有しているような気分になるわけですから。

そうした問題を未然に防いでくれる方策があります。それは〝退会に関する規約作り〟です。

そこで、私があなたの道場の規約として絶対に盛り込んで欲しい文言があります。


退会に関しては、前月〇日までに道場（事務所）に来所し、所定の退会届に記入、捺印を必要とする。また、退会までに発生した金銭などは一切の返金をしないものとする。


という一文です。

生徒が道場に来て退会届を書かなければならないとすれば、面談し、話し合う機会も得られます。それで退会を踏み止まらせることもできるでしょう。また、道場に行かずに自然退会という流れを作ろうとする生徒の甘い考えを防止することができます。自然退会を狙おうとしても、月謝は口座から引き落とされ続けるわけですから。

「せこい！」と思いますか？

それは、武道家たるもの…という意識が歪んでしまっています。退会に面談が必要ということは、最後に挨拶をする機会を設けられます。礼に始まり、礼に終わる。そうした当たり前のことをルールとして設けているわけですから、こちらの方がいかにも武道らしいかなと私は思います。

それに、大手のスポーツクラブでは当たり前にある規約です。期日まで来館して退会届を記入し提出しなければ、口座振替は継続されます。一般社会では、来ていなかったら振替が止むという個人の都合は通用しないのに、道場となると融通を効かせてくれると思い込んでいる人は意外と多いもの。

そして、武禅館では災害対策時の運転資金確保のために、外資系フィットネスクラブと同じく退会申請に関して〝前月10日締め〟というルールを定めているからこそ、救われたということもあります。

コロナ禍において、休会に関しては、休会費という最低限の収益確保が望めるので特別措置を設けてもよいかと思いますが、退会に関して特別扱いをするわけにはいきません。残ってもらう人に関しては特別待遇するべきだと思いますが、世話になった道場を見捨て去り行く人に特別扱いは一切する必要はありません。私に関しては、コロナウイルスという新型ウイルスが蔓延するはるか前から、インフルエンザなどの感染症対策をしていたので、「コロナが怖いから退会するので特別扱いしろ」という声には一切応じませんでした。こういう災害の時のための設備や規約を設けているので、通常ルールで行うことは当然です。

他にも大手学習塾などは、一年未満、半年未満など途中退会に関して違約金を頂いているところもあります。武道道場も同じような仕組みを用いてもよいのかもしれません。私の道場も、道着や防具などの無料キャンペーンを用いて入門した人が、半年の間に退会した場合、11000円の違約金を頂くよう規約に定めてあります。

また、2020年9月より、新たに年間契約制度というものを創設しました。1年以上、確実に継続してくれるのなら月謝を毎月500円割り引くというもの。ただし、1年未満で辞めた方は、違約金を頂くというものです。これによって、1年間はほぼ確実に近い延命が可能にもなります。

規約というのは自分自身の経営を守る盾となりますし、人とのトラブルを避ける盾ともなります。もちろん法的根拠に基づく必要はありますので、ある契約に関する民法の知識は必要です。私自身は、道場経営に関して、さらにプロフェッショナルになるべく、規約作りを極めたいと考え、行政書士の勉強をしています。実は本書の原稿締切りの1週間後、行政書士の試験を受けます。今、ほぼ徹夜で原稿を書いている状況なので、合格できるか否かが心配なのですが。本書では関係ない余談でしたが、私のホームページに〝行政書士〟の文字がなければ試験は落ちたなと考えてください（笑）。

第5章

コロナ時代の新しい集客様式

1 異業種も驚く武禅館の超コロナ対策

全国に地元密着型フリーペーパーを配布していている中広という業者のアンケート調査では、全体の92％がコロナ対策を気にして店を選んでいるとの結果が出ました。

やはり自分自身でも、飲食店に入る際に、何を気にするかというと、換気はもちろんのこと、従業員自身のコロナ対策だけでなく、客にどのような予防、対策をさせているのかということをすごく気にしています。

自粛期間、家や道場の模様替えをするために、家具類を買いに立ち寄ったＩＫＥＡなどは、やはり検温、マスク着用、アルコール消毒、満員にならないよう入場制限など徹底的な対策をしてくれていたので、不安なく買い物をすることができました。

反対に道場に向かうために高速道路に乗り、立ち寄った某パーキングエリアの売店で飲み物を購入した際、従業員がわざわざマスクをずらして指を舐め、レジ袋を開き始めたので、私はその場で購入を辞め、次のパーキングエリアの自販機までコーヒーは我慢しました。

また、普段からよく行く近所にある、岐阜県でも食べログ評価ナンバーワンと言われる、いきつけのラーメン屋では、カウンター席でも客と客が近くにならぬよう空間を空けて席を案内してくれますし、たとえ、待ち客がいても、その空席部分に案内することなく、密を避けてくれます。反対に地域に新しくできた某ラーメンチェーンでは、客をキュウキュウに詰めて満席状況を作りだし回転率を上げることに必死になっており、こちら側としては大きな不安を覚えました。

感染症対策をしているか否かが、今では集客の前提条件です。私の総合空手道武禅館では、インターネットでも感染症対策のパイオニアと謳い、常設道場開設当初から、水虫を始め、手足口病、インフルエンザ、ノロウイルスなどの感染症対策に大きく力を入れてきました。

その背景は、私自身が日頃から持病の服用薬の量が多く、免疫機能に自信がないことが理由でした。また、自分自身がインフルエンザにでもなったら、道場に穴を空けてしまい、月の新規顧客獲得数に影響が出ることを恐れての措置でした。結果として、コロナ前なら従業員も呆れかえるほど過剰とも言える潔癖症が、今のコロナ対策として生きています。

新型コロナウイルス感染予防には、目、鼻、口を始め、体中を完全防護すればいい話かもしれませんが、防護服で武道、格闘技を行うわけにはいきません。いつの日か数十年、数百年先の世界では、地球環境が悪化し、そんな時代も来るのかも知れませんが、今の令和時代にはまだまだ防護服武道の世界ではないようです。

少なくとも新しい生活様式は、そんな世界の最果てのような様式ではなさそうです。

私達、道場経営者が感染症予防対策を行うにあたっては、単純にアルコール消毒を設置するという内容では意味がありません。そんな他人任せの内容ではなく、〝感染症のメカニズムを理解している〟こと、そして、その〝メカニズムに基づいた対策をしている〟ことを〝アピール〟することが必要になります。

ウイルスの多くは、核を脂肪分でできた皮膜が覆っています。その皮膜は、特に人の皮膚などタンパク質に付着します。手指で、手すり、エレベーターのボタンなどから付着し、それが目をこすったり、口や鼻を触ったりすることで感染します。

そうした理由から、ハンドソープを使った手洗い、アルコール除菌などが必要で、それらはウイルスの皮膜を溶かし死滅させるのが目的です。

少なくとも感染症は3つの感染経路があります。

それは空気感染、飛沫感染、接触感染の3つです。この3つを自分自身が理解し、道場生にも理解してもらい対策を講じていくのが必要です。

プラズマクラスター空気清浄機

① 空気感染防止

空気感染とは空気中に浮遊しているウイルスを体に取り込んでしまった際に起こる感染症です。そもそも飛沫感染防止をしていれば飛沫核（エアロゾル）を体内に取り込むことはないと考えられていましたが、感染者が飛ばしたくしゃみや咳、つばといった水分が乾燥し、病原菌だけが空中に浮遊している状態を飛沫核といい、感染原因ともなると言われています。

私の武禅館では以下の対策をしています。

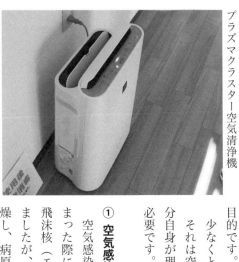

スポーツ用マスク

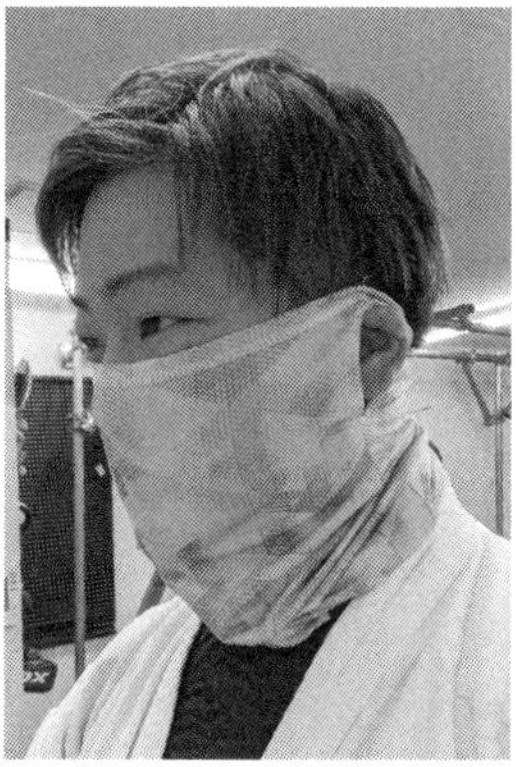

バラクラバ
激しい寝技の稽古でもズレが少なく、飛沫感染予防になる。

・ストリーマ空気洗浄機、またはプラズマクラスターにて、空気中にプラズマを発生させ空気清浄を行っております。
・空気清浄付き掃除機で、15分毎の清掃をし、埃などアレルゲン物質を除去します。
・次亜塩素酸空気除菌ポッドを設置しています。
・強力換気扇を常時運転をし、空気を循環いたします。

② 飛沫感染防止

感染者がくしゃみや咳によって、飛沫を飛ばし、その飛沫核を吸い込んでしまい起こる感染です。

・検温し37・5度以上の方、咳の出る方は念のためお休み頂きます。
・マスク着用必須。マスクを拒否した時点で入室させません。
・指導者、道場生共に稽古中も常にマスクをつけていてもらいます。
・水分補給時はソーシャルディスタンスを保ち、壁を向いて飲み物を飲むように徹底教育しています。

③ 接触感染防止

人間は手で様々な〝モノ〟を触るので、特に公共物を触る際は殺

足裏除菌マット

菌、消毒、洗浄が必要です。

・小休止毎の手洗い教育。
・出入り口に足裏除菌マットの設置。
・道具類のアルコール消毒教育。
・入退出時の衣類除菌スプレー噴霧。
・入退出時の足裏除菌の徹底。
・フロアマットを小休止毎に除菌。

特に目がいかないのが足裏の除菌。武道によっては、腕立て伏せのように手を地面に付けてしまうことがあります。ウイルスにとっては手も足も同じ。足についていたウイルスが、地面を介して手に付着してしまうこともあります。手だけ、床だけ消毒しても、足裏を見落としてしまっては無意味です。

一つの緊急事態宣言を越えた今、アンケート調査では「コロナをきっかけに習い事をやめる」という方は全体の5％しかいません。反面、習い事を検討している方で、感染防止対策を気にしているという方は全体の98％でした。要は、感染症対策が

消費意欲指数の推移

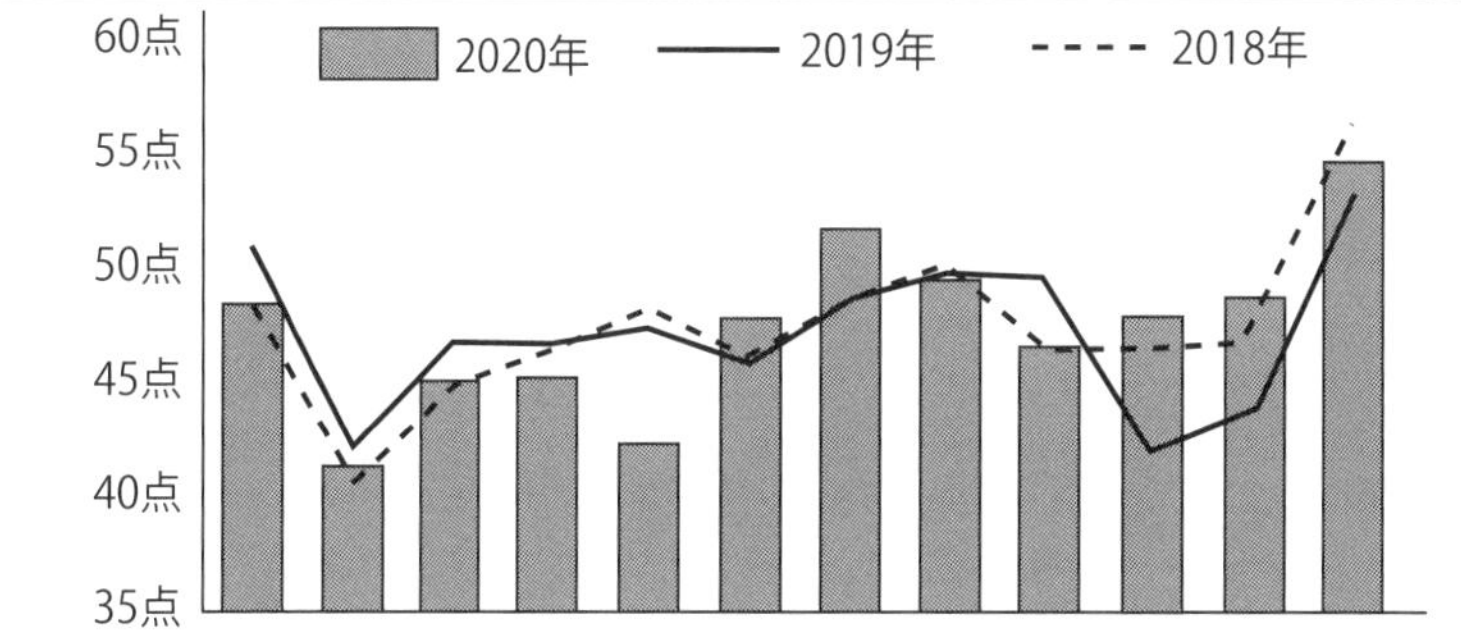

	1月	2月	3月	4月	5月	6月	7月	8月	9月	10月	11月	12月
2016年	50.8	43.3	45.9	46.8	45.8	47.5	49.6	49.5	47.4	47.5	46.8	56.1
2017年	51.2	41.5	45.9	45.8	46.5	45.3	49.1	49.7	45.5	46.5	48.1	56.9
2018年	48.5	40.6	45.1	46.4	48.3	46.2	48.7	50.1	46.4	46.5	46.7	56.1
2019年	51.1	42.0	45.7	46.7	47.5	45.9	48.6	49.7	49.7	41.9	43.7	53.1
2020年	48.6	41.4	45.1	45.3	42.5	47.9	51.8	49.5	46.7	48.1	48.8	54.9

（博報堂生活総合研究所調べ）

論理的で整合性があればあるほど、集客に結びつきやすいとも断言することができます。

このコロナ禍において、名古屋市、多治見市において武禅館がほぼ一人勝ちのような状態にあるのは、このような感染症対策に論理的に説明できているからです。

ただ、「アルコール消毒を設置しています」だけでは集客はできません。この三大感染経路への対策をホームページ、道場外のポップでアピールすることが大切です。知ってもらわなければ、せっかくの対策も水の泡です。

2 コロナで人が来ないではなく、元々集客できる要素がないだけ

上掲グラフをご覧下さい。

このグラフは「消費意欲指数」といい、博

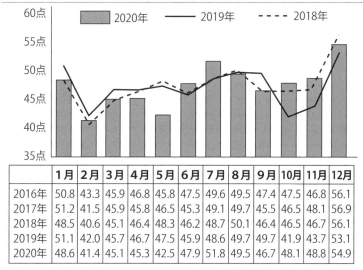

デジタル消費の変化
（コロナ感染拡大前（2020年１月後半）からの変化率）

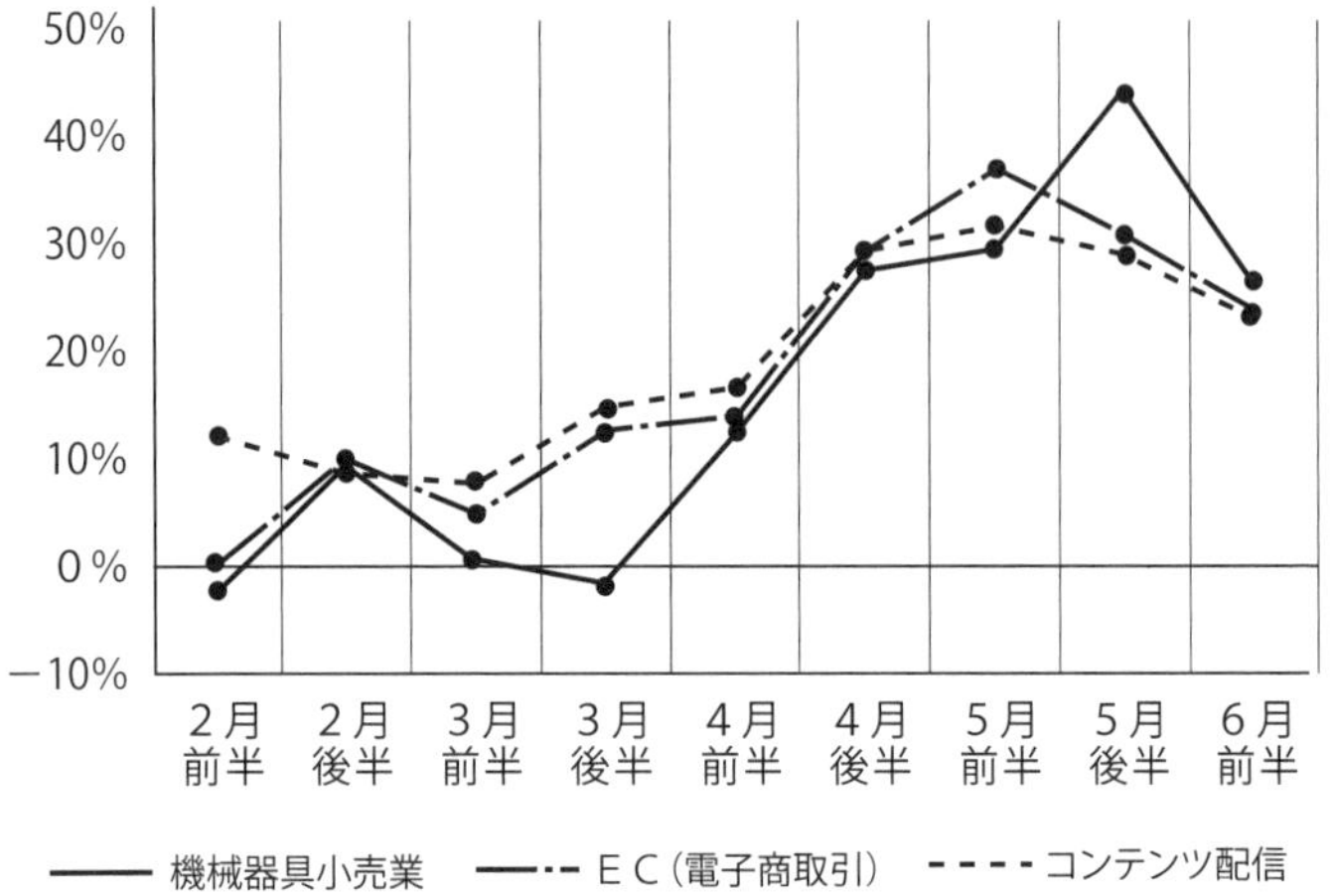

報堂生活総合研究所調べのものです（消費意欲指数＝買いたい、利用したいという意欲を100を最大として数値で示したもの）。

数値を見ると、その消費意欲は3月、4月、5月は連続して過去最低を記録しています。しかし、緊急事態宣言解除後の6月、7月は過去最高の記録となっています。今、自粛の反動が起こっており、私の武禅館もこの時期を逃さず、月15名ほどの新規入門者を獲得することができました。

今のご時世、「オンラインレッスンを…」と想像している人が多くいますが、正直なところいって武道指導でオンラインレッスンには限界があります。

そもそも武道は人が相手の技術です。武禅館もオンラインレッスンに取り組みましたが、正直、これだけでコロナウイルス感染拡大を乗り切ることは難しいものです。なぜなら、オンラインレッスンはあくまで自主トレーニングの延長線上にあるようなもので、自制自重する生活リズム、生活コントロールができない人は、オンラインレッスンを行っても集中力が持続せず、上達に結びつかないからです。反面、自粛期間中の特別オンラインレッスンに積極参加した人は、やはり他の生徒よりも上達が早かったようにみえます。しかし、直接会って、直接教えられないということは非常に大きなストレスを覚えました。

実際に、日本中がリモートワークを強いられていた反動からか、デジタル消費は急速に落ち込んでいるのが現実です。(前ページグラフ参照)

やはり、まだまだ武道、格闘技を始め、あらゆる人との交流は、オンラインでは満たすことができないのです。「オンラインが得意な道場はいいなぁ」と嘆く前に考えてみるとよいです。あなたの道場は、コロナ禍の前から人がいなかったのではないですか。

3 チラシなど紙媒体集客の効果を事前に調べる

よく喧伝されている、「チラシにお金をかけるなんて無駄」という意見はWEB業者がWEB集客を勧めるための謳い文句であると考えた方がよいです。ホームページであろうが、チラシであろうが、価値を感じなければ読まれないというのが真実です。

道場は一般的に見れば、〝スポーツクラブ〟という業態に当たります。ここでは「武道はスポーツではない」という価値観は置いておいてください。私もこの点に関しては、悩みに悩んで頭を切り替えた過去がありますから。

続きます。

スポーツクラブの集客には鉄則があります。それは自宅や職場から通える範囲にある人々を集めるということ。一見分かっているようで、見落としがちな鉄則です。その鉄則を実現するためには、やはり紙媒体が非常に有効なのです。

全国平均で見ると、チラシの集客率は0.1〜0.3と言われています。

「なんだ！少ないじゃないか！」と思われるかもしれませんが、約３００枚配るごとに1人の入会があると考えてみてください。

武道道場はストック型ビジネスです。

道場生が退会しないように努力する限り、毎月安定した収入が見込めます。また、口コミや紹介での会員増加も見込めます。それを考えるとチラシ３００枚につき1人の入会は低コストです。（業者にポスティングを依頼せず、自分でやるとかなりの労力で旨味は感じませんが。）

しかし、あくまで全国平均が、あなたの地域に当てはまるとは言い切れないところもあります。WEB業者の謳い文句が半分、嘘ですが、半分、本当とも言えるのです。なので、あなたの道場がある地域で、チラシ集客に効果があるか否かを〝先に知っておく〟必要があるということです。

そんな夢のような方法があるのかと驚かれると思いますが、方法を知ってしまえば、カラクリは意外と単純で大したことはありません。

その方法は、あなたの地域の新聞購読率を知ることです。

そもそもチラシ集客が難しいと言われるようになったのは、新聞購読率が下がったことに原因がある

と言われています。たしかに現代はＷＥＢ上で何でも情報を仕入れることができる時代。わざわざ、紙媒体に頼らなくてもという考える人は若年層で増えています。しかし、一つの世帯は若年層だけで成り立っているわけではありません。

情報を仕入れるには紙媒体が楽と考えている人が、一つ屋根の下で暮らしているケースだってあります。そういう家庭は新聞を購読しています。そういう家庭は紙媒体を目にする習慣が身に付いているので、チラシを目にすることもあるでしょう。

「紙媒体＝読まれない」と考えるのは早計なのです。

あなたの地域が本当に、「紙媒体＝読まれない」という地域か否か。それを調べる方法こそ新聞購読率を調べることなのです。

その計算方法は至ってはシンプル。

あなたの地域の新聞（折込）発行部数　÷　あなたの地域の世帯数　＝　新聞（折込）購読率

私の道場は愛知県にあるので、以下のような計算とな

購読率の算出方法

（愛知県名古屋市緑区鳴海町をサンプルに）

新聞（折込）購読率＝新聞（折込）発行部数÷世帯数

＝5290部÷15701世帯＝33％

○スポーツクラブの集客率の全国平均“300枚に１人”で考えると…

$$5290枚 \times \frac{1人}{300枚} = 17.63人$$

１回のチラシ配布で17人の新規入会が見込める。

ります。

○○町といったように、細かい地域に関しては、新聞の折り込みチラシを手配する時に頂く折込部数表というものを参考にして下さい。

私の道場ですと、名古屋市緑区の鳴海町花井町にあります。

鳴海町の折込部数は５２９０部。

鳴海町の世帯数は１５７０１世帯。

５２９０÷１５７０１＝33％

私の鳴海町では１００世帯に33世帯の購読率。それなりに購読されていますよね。

スポーツクラブ集客率の全国平均である、３００枚配布につき1人を入会手続きに繋げられるという業界常識で考えると、町内の折り込み部数５２９０人にチラシを配布して、約17人ほどが入会させられると考えることができます。かなりの単純計算ですが、１回のチラシ折込で約17人のポテンシャルがあると考えると、あとは入会、入門に繋げられるための魅力とクロージング技術さえあればよいと考えることできます。

ここから、例えば月謝が４６００円だとして、毎月の見込み増収が４６００×17人＝７８２００円と見込むことができるわけです。そう考えるとチラシ折込でかかるコストは充分に取り戻せるポテンシャルはあるわけです。チラシなんて配っても効果がなかったという人は、単純に道場に魅力がないか、話術が下手すぎてクロージングができないだけなのかもしれません。

もちろん、あなたにチラシを作る腕があるか否かが問われます。

「チラシ作りなんて、デザインセンスないし…」

と諦めてしまっている方は、ただ思い込みで足を踏み出していないに過ぎません。

今時、インターネット上にチラシ制作のテンプレートがいくらでも配布されていますし、チラシ制作業者さんにもテンプレートは用意されています。あなたが一歩踏み出していないから知らないだけです。

あなたは、ただテンプレートに文言を打ち込むだけ。ただ、あなたが絶対に必要なのは、ブランディングやマーケティングの知識。そう。この書でも書かれている知識なのです。

チラシ作りをプロに依頼するのも、一つの手ですがね。

ただ、一つだけ言わなくてはいけないことがあります。

新聞そのものに比べ、チラシを1週間以上保存しておくのは全体の12％程度。読んだらすぐ捨ててしまうというのが一般的なので、印象強い内容に仕上げなければなりません。しかし同じ紙媒体でも、多くの地元飲食店のクーポンなどが掲載されているフリーペーパーなら、保存率はチラシの約5倍となります。

道場経営はやはり地域密着であるべきですし、特にこのコロナ禍で公共交通機関を利用しての移動が憚られる中、自宅や職場から近い道場が選ばれます。そういう視点から察すれば、フリーペーパーへの掲載も月３万円かからない程度でできるので、挑戦してみてはいかがでしょうか。

正直なところ申しますと、タダでできる宣伝なんて存在しないのですから、チラシかフリーペーパー、どちらかには挑戦する必要があります。

4 ホームページ集客は意外とハードルが高い

「広告にお金をかけたくない！」という方は多いと思います。そんな方には一言申し上げたい。お金をかけずに集客することは、まず不可能といっていいでしょう。正直、お金を稼ごうとするのに、お金をかけることを拒むなんて謎です。考え方がどうかしています。

たしかに、私は広告費用はほぼ無料に近いくらいの金額で、武禅館設立10年を乗り越えてきましたが、それは自分で効果の高いホームページを作る能力があるからです。ここは10万～30万円くらいかかるところが無料でできてはいますが、ホームページをインターネット上に公開するために必要なサーバー使用料は月９８０円ほどかかっています。かなり安上がりだと思いますが、この安上がりな状態を実現するために、ＨＴＭＬを勉強するために時間とお金をつぎ込んだのは言うまでもありません。それに私は元々14年前に独立起業をしたのはＩＴ事業です。10年前に事業変更して空手道場経営に専念しただけで、元々はそうしたインターネット集客に関する専門知識をある程度持っています。だから、一般的な道場経営者が私の模倣をすることは、まずハードルが高いといえます。だから、本書は長年、武道だけに時間を費やしたあなたにもできるように内容を考慮して書いています。

それに、ホームページさえあればいいというわけではありません。

ネット上にはありとあらゆるホームページで溢れています。仮にホームページ作成を業者に頼んでお金をかけて作ったとしても、ある程度、ホームページビルダーなどで自主製作したとしても、それだけでは無意味なのです。ホームページを公開しさえすれば、誰かに見てもらえるわけではありません。誰かに見てもらうには、作成だけではなく、検索に関する知識と技術もまた必要となるのです。

例えば、私が経営する武禅館名古屋本部のホームページでしたら「名古屋市緑区 空手」と検索して上位表示されるためには、SEO対策という技術が必要となります。このSEOの知識がないと競合(他道場)のホームページばかりが表示されて、自分のホームページは全く検索結果に出てこないという状況になるのです。

SEOにはビッグキーワード、スモールキーワードという考え方があります。

ビッグキーワードというのは、「空手」など広い範囲のキーワード。このビッグキーワードで検索して、上位表示がされればたいしたものです。これを実現するにはウィキペディアなみのコンテンツを作成しなければなりませんが、スマートフォンが普及した現代なら現在の位置情報を反映して検索してくれるので、「空手」で検索しても実質的には「名古屋市緑区 空手」というキーワードで少々、請求力を弱くして検索しているようなものです。

それを実現するためにはまず、スモールキーワードを突き詰めていかなくてはなりません。スモールキーワードというのは、その中にセカンドキーワード、サードキーワードといった考え方があります。

例えば、「名古屋市　空手」と検索をかけている場合はセカンドキーワードで検索をかけている状態。名古屋市は都市部で範囲が広いので、その分、名古屋市中の道場が検索結果として表示されます。地域範囲が広いほど競合相手も多いということです。そこで上位表示されるのは並大抵のことではありませんが、実際に名古屋市に住んでいる人が「名古屋市　空手」で検索することは希です。名古屋は都市部でそれぞれ〝区〟として分かれています。これは東京などでも同じことがいえますが、多くの場合、自分自身の住んでいる〝区〟を検索キーワードに入れて道場を調べるかと思います。その場合、「名古屋市　緑区　空手」と検索するでしょう。そうしたキーワードを3つ入れている状態をサードキーワードといいます。他にも、「名古屋市ならどの区でも構わないから、親子で学べる道場はないかしら」と思った時、「名古屋市　空手　親子」と検索をかけるでしょう。これもサードキーワードの一つです。


道場経営者は都市部ならサードキーワード、地方ならセカンドキーワードで上位表示を目指す必要があります。先ほども述べたように、私自身は、元々、武禅館を開設する前、ホームページ制作やSEOなどを請け負うITの分野で独立開業しましたが、軌道に乗り始めてから慢心し、政治思想を前面に押し出しすぎてしまい廃業せざるを得ない状況に陥った過去があります。こうした経験があるので、私はある程度、SEO対策の知識があるので、自主制作のホームページで、セカンドキーワード、サードキーワードとも一番先頭に出る状態で上表示を実現できています。「名古屋市緑区 空手」で検索すると、「武禅館」が検索結果のトップに出るという状態を何年も維持しています。

数ヶ月、更新を放置していると検索結果トップを他道場に抜かれることもありますが、ＳＥＯ対策が安定しているので、一度更新すれば、すぐに元通りのトップに戻ることができます。ここ最近は、同業他者の利益も意識しているので、忙しい時は放置して自分以外の同区道場が少しの間、利益が出ることもよいことだと考えています。

正直、ＨＴＭＬやＳＥＯの知識を今から学ぶのには、半年から一年はかかるでしょう。また、知識を得たとしても、ホームページを作成し、個人の力でＳＥＯ対策をしようとしても一日10時間近くはパソコンと向き合う生活を1年、２年は継続しなければなりません。私のようにＳＥＯ対策の結果を安定させたいのならば、この何倍もの努力が必要でしょう。

一般的な道場経営者でしたら、まずそれは無理でしょう。そこまでの覚悟がある人は、また別に道場経営者のためのインターネット戦略に関する著書を書いてみたいと思うので、そちらをお読みください。確実なのは、何でも無料で済ませようとせず専門業者に依頼することです。安く抑えれば15万円〜30万円程度で済むでしょう。

少なくとも、本書で手短にアドバイスできることといえば、必ず、以下の全てに「●●（あなたの道場所在市町村）■■（空手、合気道など）」とセカンドキーワード、またはサードキーワードを入れて文章を作成することで、あなたのホームページの主軸となるキーワードを検索ロボット（クローラー）

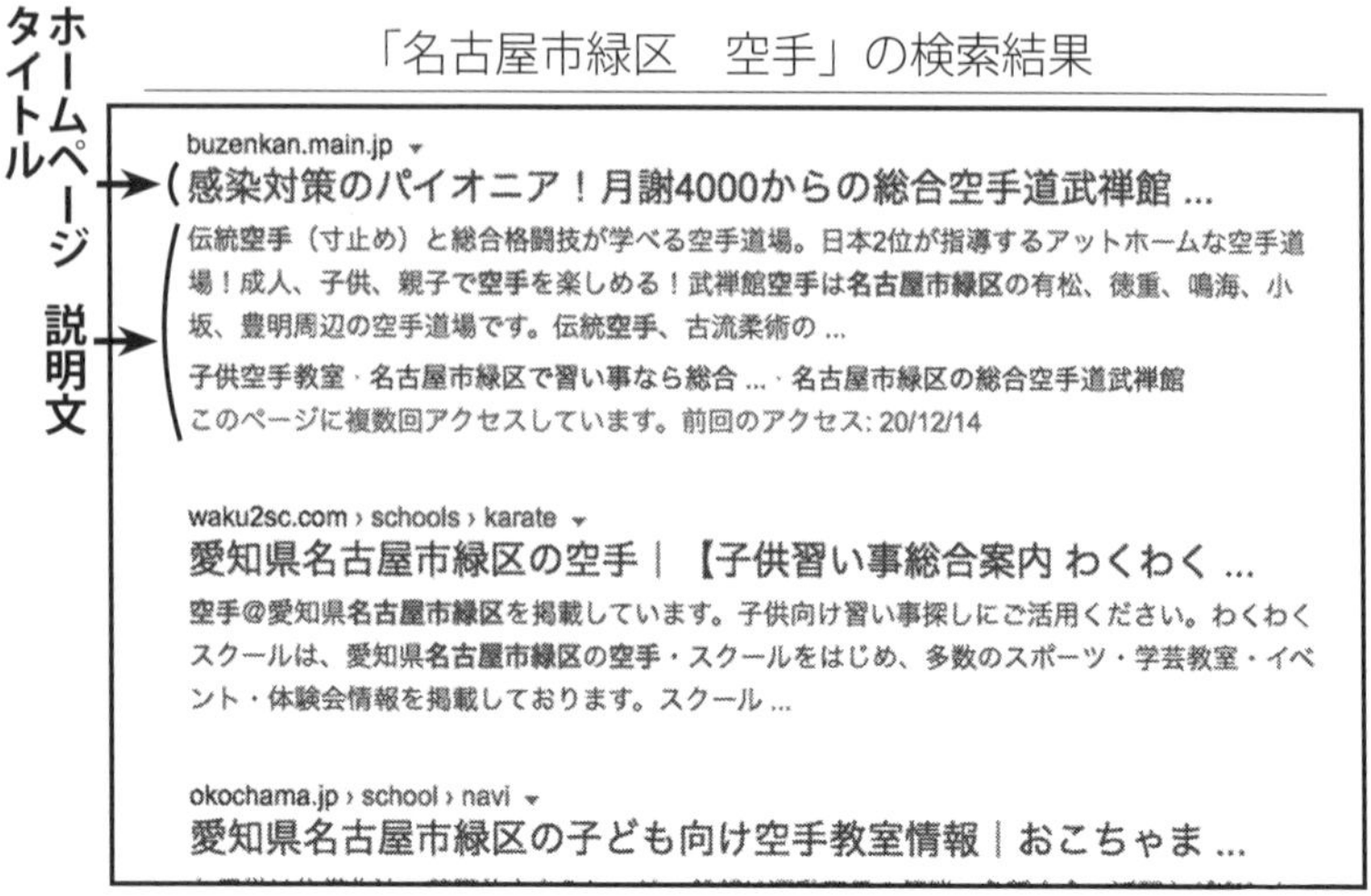

ホームページタイトル
説明文
「名古屋市緑区　空手」の検索結果
buzenkan.main.jp
感染対策のパイオニア！月謝4000からの総合空手道武禅館 ...
伝統空手（寸止め）と総合格闘技が学べる空手道場。日本2位が指導するアットホームな空手道場！成人、子供、親子で空手を楽しめる！武禅館空手は名古屋市緑区の有松、徳重、鳴海、小坂、豊明周辺の空手道場です。伝統空手、古流柔術の ...
子供空手教室 · 名古屋市緑区で習い事なら総合 ... · 名古屋市緑区の総合空手道武禅館
このページに複数回アクセスしています。前回のアクセス: 20/12/14
waku2sc.com › schools › karate
愛知県名古屋市緑区の空手｜【子供習い事総合案内 わくわく ...
空手@愛知県名古屋市緑区を掲載しています。子供向け習い事探しにご活用ください。わくわくスクールは、愛知県名古屋市緑区の空手・スクールをはじめ、多数のスポーツ・学芸教室・イベント・体験会情報を掲載しております。スクール ...
okochama.jp › school › navi
愛知県名古屋市緑区の子ども向け空手教室情報｜おこちゃま ...

に認識させることができます。

【スモールキーワードを入れるべき文章】

① ホームページタイトル

まずＳＥＯ対策として、スモールキーワードを入れることは当然です。それに加え、まず検索結果でタイトルが出てくるので、この写真のようにタイトルから詳細が想像できるように工夫をします。（上掲写真参照）

私の道場では、タイトルは以下のように設定しています。

感染対策のパイオニア！好きな時間を選べて月謝4000台！総合空手道武禅館／習い事や趣味なら名古屋市緑区鳴海町の空手、武道、総合格闘技、空手道場

タイトルそのものが説明文のようになっていることにお気づきでしょうか。

多くの武道道場、武道団体のホームページを見ると、ほとんどが「空手道○○館」「合気道○○道場」といったように道場や団体の名称だけでホームページタイトルをつけているものがほとんどです。これでは、「○○市 空手」「○○市 合気道」といったように自分の住んでいる町にある道場はどこかと検索しても、表示されることがありません。

また、SEO対策をやりこんで表示されたとしても、少々、分かりやすさに欠けている印象があります。私はタイトルから、営業時間、サービスの内容、価格の3つをタイトルに入れ込むことが、ホームページ集客を成功させるために最低限必要なことだと考えています。

かといって、やけに長たらしいタイトルをつければいいというわけではありません。この営業時間、サービスの内容、価格の3つを全角30文字以内で表現しないと、検索結果としてホームページタイトルが表示されても情報オーバーになってしまい、かえって分かりづらい結果になってしまいます。

② 説明文

ここでいう説明分というのは、前ページ図のようにホームページタイトル下に現れる簡易的な説明分です。

この部分は、ある程度、自分でホームページを作成している人にとっては分かるかもしれませんが、HTML言語でいう<meta name="description" content="説明分"/>の部分となります。

私のホームページでは以下のように設定しています。

伝統空手（寸止め）と総合格闘技が学べる空手道場。日本2位が指導するアットホームな空手道場！成人、子供、親子で空手を楽しめる！武禅館空手は名古屋市緑区の有松、徳重、鳴海、小坂周辺の空手道場です。伝統空手、柔術の身体操法を学び、全空連ルールはもちろん、総合格闘技に応用した技術を教える日本でも希少な空手道場です。全空連、フルコンタクト空手、総合格闘技（MMA）などあらゆる試合に挑戦できます。

こうした説明分の作り方でのコツは、以下3点を必ず文章中に盛り込むことです。

- 何が学べるのか
- どういう雰囲気の道場か
- 対象年齢

私自身思うことがあるのですが、今、私は柔道を学びたい気持ちが強くあります。しかし、ホームページで検索しても、対象年齢がいまいち分からないのです。

そもそも剣道や柔道など学校部活などで採用されている武道はどうしても、子供限定のイメージや、部活OBしか入門ができないようなイメージがあるのです。成人から学ぶ人はお断りのような印象が強くあり、どうしても敷居が高いのです。そうしたイメージを覆すのが、やはりホームページタイトルであり、ホームページの説明文ではないかなと思うのです。多くの武道系ホームページがどうしても、対象年齢が分かりづらくなっています。あなたの道場に成人初心者や部活未経験者が集まらないのは、こうした理由がまず第一だということをご理解頂ければ幸いです。

こうして原稿を書いていて思うことは、やはり集客にいかにお金をかけることができるかだと思います。どうしても私達のような武道関係者は古い考え方に囚われがちです。形に残らない、いわゆるネット上での〝情報〟というものにお金をかけることに実感が沸かない人が多いのも事実。

〝インターネット＝無料でできるもの〟と思い込んでいる人がほとんどです。私自身も合気道の師匠に無料で制作を頼まれたことがありますが、さすがに料金は頂きました。サービスでロゴマークも作ってあげましたが、やはり結構、時間も労力もかかるので、IT事業家時代の正規金額をもらっておいた方がよかったなという感想はあります。本当に大変です。インターネットでなら楽に集客ができると、昭和中期世代は甘く考えていますが、そうした考えは捨てた方がいいかもしれません。

今でこそ、制作料込みで月4980円くらいから始められる月額プランで運営しているホームページ業者もありますから、そちらを利用することが得策でしょう。月額プランのホームページ業者で制作し、フリーペーパーと連動したキャンペーン企画を打ち出せば、ホームページを見てもらうこともできます。また、一時期流行した無料ブログを用いての集客方法もありますが、こちらもSEO対策をするためには、膨大な知識と時間がかかることは間違いありません。

結局、無料で済ませたいなら、寝る間を惜しんでやることです。寝る間を惜しんででもやりたいという人のために次項でブログ集客について記載します。

広告はお金をかけてなんぼということは念頭においてください。いわゆる〝投資〟というやつです。

集客のためにかけたお金は全て無駄ではありません。最近では、「チラシにお金をかける＝無駄金」というような意見もありますが、実際のところ、それはWEB系業者の謳い文句にしか過ぎません。

ホームページやWEB広告にしても、オフラインでのチラシ広告にしても、興味のない人は結局見ないのです。オンラインとオフラインとでは、目にする層が違うというだけ。

では、どうすればよいのか？

あなたがとるべき集客手段はいたってシンプル。

・ホームページ制作を業者にお願いする。（月額プランがベスト）

・毎日、稽古の様子などブログ記事をアップする。

この2つです。

5 ホームページを上位表示させる秘策

業者依頼、自主制作問わず、ホームページを準備したのなら、まず絶対に実行して欲しいのは、毎日、新ページを作り更新することです。月額プランの業者にそのような毎日更新できるようなシステムがないのなら、ホームページにアメブロなどをリンクし、ブログ更新の度に〝ブログ更新〟という新着情報がトップページに表示できるようシステム化してもらうというのも一つの手です。

「名古屋駅　ランチ」の検索結果

tabelog.com › ... › 名古屋ランチ › 名古屋駅周辺ランチ

名古屋駅でランチに使えるお店 ランキング | 食べログ

【Go To Eatキャンペーン開催中】日本最大級のグルメサイト「食べログ」では、名古屋駅で人気のお店 (ランチ) 1014件を掲載中。実際にお店で食事をしたユーザーの口コミ、写真、評価など食べログにしかない情報が満載。ランチでも ...

タイ料理 · 韓国料理 · 和食 · ホルモン

www.jalan.net › news › article

【名古屋駅近】おすすめランチ22選！迷ったら行くべき地元民 ...

2019/09/11 — 名古屋駅周辺でランチに迷っている人へ！時間がなくてもサクッと美味しいランチが楽しめる「名古屋駅」の駅ナカ＆駅近のお店を、名古屋在住の地元ライターがご紹介します。定番の名古屋めしから知る人ぞ知る地元民の ...

hitosara.com › lunch › ranking › aichi

名駅のランチおすすめランキング トップ50 | ヒトサラ

名駅のランチで人気のお店ランキングトップ50です。ランチランキングは毎日更新、話題のお店や新規オープンのお店、一人で気軽に入れるお店、近くのお店など名駅で人気のランチが食べられるお店をランキングでご紹介します。

あるいは、あなたが、ホームページビルダーなどである程度、制作する力があるのなら、私の提案する〝ホームページの上位表示対策〟を実行しやすいかと思います。

〝上位表示〟という言葉を聞いたことがない人に軽く説明をさせて頂きます。

例えば、「今日のランチは何にしようかなぁ」と悩んだとき、スマホなどでYahooやGoogleなどを開いて検索をしようとしますね。

「名古屋駅　ランチ」と検索したら、このようなページが出てくるかと思います。（上掲写真参照）

この一番上に表示されていることを上位表示といいます。ホームページは上位表示されている方が有利なのです。なぜなら、一番上に表示されていた方が検索者は「人気があるな」と思いますし、何よりもホームページを開きやすいのです。この上位表示をされず、しかも、検索結果の1ページ目にも表示されないようなホームページは存在価値がないようなものです。

飲食店の場合は検索エンジン上位表示のほとんどが、食べログやぐるなびに独占されているようなもの。今更、個人のホームページが大手検索サイトに太刀打ちできるはずはありませんが、道場ならば話は別。武道道場の検索ポータルサイトを運営する大手企業は存在しないので、個人のホームページでも十分に勝ち抜く可能性があるのです。

現に私の総合空手道武禅館の商圏である「名古屋市緑区 空手」で検索をします。

このように私の道場は、検索エンジン上位表示1位、2位を私の道場が常に占めている状態です。これを実現するには秘技があるのです。

それは興味を持たれるホームページを作ること。

当たり前の話ですね。ですが、これ、当たり前じゃないんです。なぜなら、世の中の武道道場のホームページのほとんどが全く興味を持たれないような、言い換えれば無価値とも言える内容のものばかりだからです。

あなたの持っているホームページは価値がありますか？

それとも無価値ですか？

私の考える価値あるホームページ化における戦略は以下です。

・YouTubeと連動したホームページの技術教本化

・武道の歴史などを解説したホームページ、またはブログの事典化

一つずつ説明していきましょう。

▼YouTubeと連動したホームページの技術教本化

あなたの道場でも昇段、昇級試験などを行うと思います。そのために習得しなければならない技術や、覚えなければならない事柄がたくさんあるかと思います。

例えば、生徒の一人が初段試験を受けるとして、日々の稽古の中で初段取得に必要な技術、知識をどれほど伝えきることができるでしょうか。

昇段、昇級基準が確立している道場、組織ならば生徒の合否は不安なものです。そして、それ以上に、生徒はもっと不安なものです。

そんな時、生徒は「どうすれば合格できるのか」と検索をします。その検索の対象が、他が作った得体の知れないサイトであるよりは、自身のホームページであった方がよいですし、閲覧数、滞在時間数を稼ぐことができます。

人は不安があれば、解決しようとする心理的な働きがあります。その時に、もし、あなたのホームページが技術や知識を網羅している教本と化していたなら、生徒はあなたのホームページを閲覧する習慣が身につき、それがSEO対策として効果が発揮されるのです。

検索エンジンはホームページの閲覧時間が長ければ長いほど、〝よく読まれる人気サイトである〟と

判断し、検索結果を上位にしようとします。もちろん、細かい細工は他にもたくさんあるのですが、大雑把にいうと私のホームページが検索エンジンでの検索結果において常に上位表示される要因はここにあるのです。

そして、私はこの教本となるものをスマホで技術や解説を撮影し、ホームページに貼り付けてありますので、ＹｏｕＴｕｂｅ動画の視聴も稼げています。

私はこのような動画をアップしていますが、武道をやっている皆さんなら、一度はこの動画を目にしたことがあるのではないでしょうか。

こうした細工のおかげで、ホームページだけでなく、ＹｏｕＴｕｂｅ動画も４０００人のチャンネル登録があり、合計で２００万再生回数があります。

もちろん、ＹｏｕＴｕｂｅ動画の視聴回数を上げるためにも戦略はありますが、そこそこのＹｏｕＴｕｂｅからの広告収益にもなるので、広告費などの資金も稼げて一石二鳥ではないかと思います。

▼武道の歴史などを解説したホームページ、またはブログの事典化

あなたは自分の行っている武道の歴史をどこまで知り、どこまで理解し、そして、どこまで解説できるのでしょうか。

ここでは、そうした話を講話と呼ぶことにしましょう。

道場での稽古だけでは正直、技術練習の方に時間を割いてしまい、なかなか、歴史など、武道の本質的部分に触れるための講話に時間を割くことができないのではないかと思います。

また、触れていても、あなたの解説の仕方が講話向きの話し方ではないので、生徒自身に興味を持たせることができず、右から左へと話が流れてしまうケースもあります。

そうした講話の補助的役割をホームページで補う形で、〝武道の歴史辞典〟や〝武道の用語解説集〟などを作ってみてはどうでしょうか？

私のホームページも技術教本化と並行して用語集化も行っています。私は成人の道場生に対しては、専門用語を使って説明をしています。その方が武の本質に近い説明ができると考えているからです。「必ずや名を正さんか」という孔子の言葉にもある通り、言語抽象度を落として具体的に説明してしまうと、その技術を行っている時に生じる身体感覚を正しく捉え、掴むことができない恐れがあります。だから、私はまだ身体感覚の知覚が未発達である子供でない限りは、専門用語を使って高い言語抽象度で教えるようにしているわけです。

その時に役立つのが用語集化してあるホームページです。「先生の言っていた、あの言葉ってどういう意味なんだろう？」と生徒が疑問に思ってくれたなら、こっちのもの。生徒にホームページを見てもらえるという習慣ができ、定期的な閲覧数を稼ぐことができSEO対策となるのです。

また、用語集自体が検索ワードとして上位表示されれば、道場生以外からのアクセスも見込めます。普段の稽古と連動して、インターネットを活用していくのも、これからの時代に必要なのではないでしょうか。道場に基本動作一覧、または用語一覧というように書いたポスターを貼り、その写真や用語の一つ一つの対象記事のQRコードを貼るという博物館のような手法もありかもしれません。今後は私はスマホアプリなどにも挑戦してみようかと考えています。

6 あなたに合ったＹｏｕＴｕｂｅの使い方

「うちもＹｏｕＴｕｂｅで再生回数を得て、そこから入門に繋げていこう！」と、多くの企業、有名芸能人達が自粛期間中にＹｏｕＴｕｂｅに参入する姿を見て、「よし！自分もＹｏｕＴｕｂｅさえやれば」と思う人は多いかもしれません。

はっきり言います。無理です。そもそも、今ですら客が集まる魅力がないんだったら、ＹｏｕＴｕｂｅを始めても魅力を感じてもらえるはずがありません。それにもう新たに参入して成功する隙間はありません。既にブームになっているものは競合が多いということ。ブームに乗ったということは、ブームを作り出せなかったということ。あなたには無理です。

私は10年くらい前にＹｏｕＴｕｂｅを始めました。その頃、ＹｏｕＴｕｂｅは私のような三流の人間の自己アピールの場として存在していました。そして、時が経ち、一般人でも自分の発信メディアを持つことができるという新たなツールという立ち位置となり、２０２０年4月以降となっては一流アスリートや大物芸能人が、中間マージンを通さない個人のチャンネルとしての立ち位置となりました。もう二流、三流の人間が入り込める場所ではなくなってしまいました。生き残っているのは、常に動画編集のクオリティ向上に励んでいる古参ＹｏｕＴｕｂｅｒくらいなもの。私のように動画編集のクオリティ向上をサボっていた人間はもはやオワコンと化しています。

私自身も一昔前は武術系ＹｏｕＴｕｂｅｒといった具合に、２ちゃんねる（5ちゃんねる）で話題に上がったりするなど、高再生回数を記録するチャンネルでしたが、朝倉未来選手のYouTube参入以降、著しく再生回数が落ちました。私はただただ道場の練習風景を移してアップするというホームページに動画をリンクさせることだけが目的で、面白いコンテンツを作ろうとはしていなかったので当然の結果です。それでもちょっと悔しいですが。

もう今となっては、あなたにYouTubeでチャンスは訪れません。バズらせることを意識せずに、YouTubeは技術解説や、道場風景説明の集客ツールとして活用することだけに集中しましょう。目を覚まして下さい。

これはインスタであろうが、tiktokであろうが同じことですからね。基本集客方法は、地域密着型紙媒体とホームページのリンクに絞り、全力を注ぐべきです。

7 武道に興味のない人に興味を持たせる方法

ホームページも紙媒体も原理原則は同じ。

あなたの道場に入門すると、「どんな自分になれるのか」を教えてあげること。基本的に我々のような道場経営者も一般的にはスポーツクラブと同業と言われます。急激に拡大を果たした某スポーツクラブはご存知ですよね。

そうです。

〝結果にコミット!〟で有名な、あのRIZAPです。

今まで日本ではパーソナルトレーニングという分野は浸透していませんでした。

「トレーニングなんて重りを持ち上げたりするだけでしょ。」

「教えてもらわなくても、運動すれば痩せる、」

という声が大半でした。

しかし、実際は長続きしなかったり、ダイエット結果が出ないのが現実です。ダイエットは根性のある一部の人間しか実現できないというのが、暗黙の定説でした。結果が出るか否か分からないものに挑戦する＝ダイエットというのが一般常識でした。

しかし、ＲＩＺＡＰはまず先に結果を提示しました。

「こんなに痩せますよ」

「こんな姿になれますよ」

あのおなじみの音に合わせて、ビフォーアフターを見せ、さらに、ＲＩＺＡＰのサービスを受ければダイエットは成功するというのを印象付けるために「結果にコミット」というキャッチフレーズは一世を風靡しました。

これによって、ダイエットにはパーソナルトレーニングが効果的という、新たな一般常識を作ることに成功したのです。実際に私達もダイエット↓パーソナルトレーニング↓ＲＩＺＡＰと想像するのは容易です。

あなたの道場でコミットできる〝結果〟は何ですか？

第1章で導き出した〝誰のための道場〟なのかをヒントにして下さい。

武禅館ホームページより

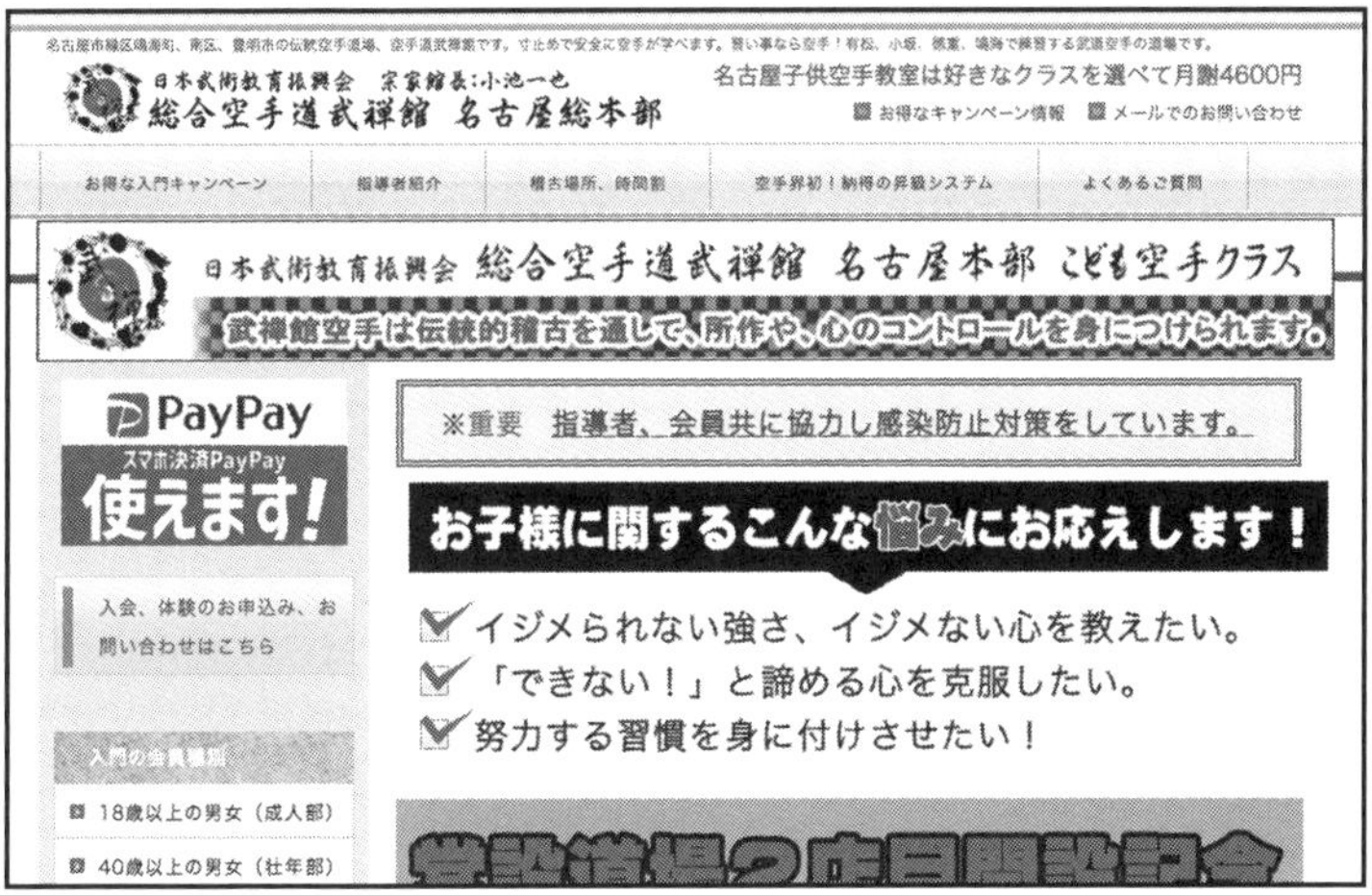
日本武術教育振興会　宗家館長：小池一也
総合空手道武禅館　名古屋総本部
名古屋子供空手教室は好きなクラスを選べて月謝4600円
お得なキャンペーン情報
メールでのお問い合わせ
お得な入門キャンペーン
指導者紹介
稽古場所、時間割
空手界初！納得の昇級システム
よくあるご質問
日本武術教育振興会　総合空手道武禅館　名古屋本部　こども空手クラス
武禅館空手は伝統的稽古を通して、所作や、心のコントロールを身につけられます。
PayPay
スマホ決済PayPay
使えます！
入会、体験のお申込み、お問い合わせはこちら
18歳以上の男女（成人部）
40歳以上の男女（壮年部）
※重要　指導者、会員共に協力し感染防止対策をしています。
お子様に関するこんな悩みにお応えします！
イジメられない強さ、イジメない心を教えたい。
「できない！」と諦める心を克服したい。
努力する習慣を身に付けさせたい！

私の道場でしたら、子供達はノンコンタクトの組手をメインに稽古をしています。このノンコンタクトはまさにコントロール力が必要です。

スピード感溢れる激しい連続技の応酬の中でも、「これ、もし止めなかったらKOしてるよね」というタイミングと距離で攻撃をピタっと止めて、すぐに構えに戻る。

そんな気持ち的にも焦ってしまう状況でノンコンタクトを実現するには、冷静な思考力と共に冷静な心が必要となります。

私はこうした特徴から「心のコントロール法を習得」というキャッチコピーで、イジメを受けている子、またはイジメ加害を加えそうな子を対象に〝イジメ予防〟としての空手を提供しています。

こうした理念の下に活動しているからか、このキャッチコピーのおかげで、安定した入会者があります。通常期で月5件くらいの入会、繁忙期には15〜20名ほどの入会となります。

まず、あなたの強みから提供できるものを探してみて

ください。

この強みから、生徒のどんな悩みを解決できますか？

その解決させた姿が、そのままキャッチコピーとなります。

8 損して得取る新規入門キャンペーン

道場経営はストック型ビジネスです。

携帯電話などの通信業者と同じようなビジネスの仕組みと考えれば早いと思います。さて、携帯電話といえば思い出すことがありませんか？

そうです。

キャンペーンです。

他社からの乗り換えや新機種変更に関するキャンペーンってよくみますよね。スマホを持つための初期費用ってほとんどかかっていませんよね。それでも月々の携帯電話使用料がコンスタントに入るから、通信業者は損をしません。道場も実は同じような仕組みができるのです。

多くの人が武道を習うのをやめる要因は、初期費用がかさむからです。例えば、剣道ともなると防具などを揃えたりするのに結構な金額がかかりますし、防具を買わないまでも道着は揃えなくてはならず、思いの外、高価なものです。上手くいっていない道場ほど、入門時の初期費用がかさみます。月謝も二ヵ月分先払い、入会金もあり、スポーツ保険費があり、道着も買って、サポーターなどの防具も買って…と、あれよあれよで、3万～4万は初期費用が掛かってしまい、国家資格の受験費並みに高く設定している道場を多く見かけます。ほとんどの場合、これは成功しません。

一度思い切ったキャンペーンを考えてみてください。

私の武禅館では、2020年10月に新店舗2店目をオープンした記念のキャンペーンとして、このキャンペーンを行いました。これは毎年、入門が減る12月頃に行っているものですが、2020年は新店舗記念ということで早めに行いました。

道着無料プレゼント！
防具無料プレゼント！
入会金無料！
事務手数料無料！
当月月謝無料！
入門に必要なのは翌月分月謝のみ！
1月31日まで！

入門を考えている人からすれば、この初期費用がかからないで済むキャンペーンは本当にありがたいものです。損して得取れと言います。もちろん、道着や防具などの無料プレゼントだけもらってすぐに辞めてしまうという事態が起きないために、入門後半年以内に退会した場合は違約金を設けるなどの規約も必要になってきますが、生徒の稽古継続がかなえば、先に赤字になったとしても、後々に十分利益となります。

武道道場はストック型ビジネス。その可能性を信じてみましょう。

第6章

退会を防ぐために

1 指導の質が下がったら、値上げを実行！

どんな道場でも必ず訪れることがあります。それは〝生徒数がこれ以上伸びない〟という問題です。生徒数がある人数に達したけども、それ以上、全く増えないという現象があります。

私の道場もそのような問題に陥ったことがあります。なぜ、そんな問題が起きているのか分かりますか？ それは、間違いなく指導の質が落ちているからです。

あなた自身、一生懸命稽古して、セミナーや指導者講習など様々な勉強をしているかもしれません。自分自身では指導の質は向上しているという思いがあるかもしれません。

しかし、道場生が多く増えた中で、少人数だった頃と同じくらい生徒と向き合っていますか？ 生徒数が増えないということは、明らかに個々と向き合う時間が少ないということ。いわゆる〝顧客満足度〟が落ちているという状態です。

こんな話があります。

私は以前、毎週水曜、娘を近所の水泳教室に通わせています。水曜日は指導員に道場を任せてお休みをとっていますから、娘が水泳を頑張る姿を見学することができます。そこでお母さん達の雑談を耳にすることが多いのです。

特に勉強になったのが、この一言。

「水曜日は人が少ないからいいいわ。金曜は人が多すぎて全然教えてもらえてないもの。」

目からウロコでした。指導者という立場にいると全く気付かなかったことです。当たり前の話ですが、少人数の方が一人の生徒と接する時間が長くなります。それを顧客側（保護者や生徒自身）は、そのままサービスの質として捉えます。

生徒数が増えれば、一人一人の生徒と向き合う時間は当然減ってしまうでしょう。だから顧客満足度は低下するのです。

顧客満足度を向上させる方法として、第一段階としてとるべき行動は一つ。それは〝値上げ〟です。

値上げして利益を確保しない限りは、指導員を新たに雇って二人体制で指導に当たるなんていうこともできません。そして値上げすれば、当然、「月謝が安いから」という理由だけで来ている人は退会します。退会者がいれば、一人一人と向き合う時間も多くなるでしょう。顧客満足度はある程度、向上するという寸法です。

しかし、気を付けなければならないということが一つ。値上げする額を決めるには、見込み退会者は誰かとあらかじめ考えておくことです、例えば、現会員数100人、月謝4000円の道場で、1000円の値上げとします。そして、見込み退会者は30名であると仮定しましょう。

その場合、4000円×100名で400000円の収入であったものが、値上げによって5000円×70名で350000円となります。

50000円のマイナスとなります。

この状態から生徒数を新たに増やして、V字回復すれば単純に500000円の収入となるわけです。

一時的に生徒数や収益は減るかもしれませんが、将来的に増益の見込みがあります。もしくはフォロー体制をしっかりと整えて、見込み退会者を20名にまで減らすことができれば、５０００円×80名で４０００００円の収入となり、減収を免れることができます。

フォロー体制の整え方次第では、より見込み退会者を減らすことができるでしょう。

私が提案するフォローの方法としては以下です。

・指導者の思いなどを載せたニュースレター（会報）を配る。
・簡素な誕生日プレゼントを渡す。

生徒や保護者には指導者の理念を伝える必要があります。空手など武道を教えてくれるだけの、単なる空手バカ、武道バカと見られてはいけません。

「この先生はこんな社会的意義をもって空手を教えているんだ。」と生徒全員に浸透させる必要があります。例えば、普段配っている稽古日カレンダーを新聞風のニュースレターにアレンジして変えるだけでよいのです。

また、生徒の誕生日に簡素なプレゼントを贈るのも良い方法だと思います。全員の誕生日を覚えることは大変、と感じる方も多いでしょう。当然です。覚えきれるはずはありません。大事なのは、入門誓約書を見てデータ化すること。誕生日管理ができるスマホアプリに入力し、誕生月になったらプッシュアップ通知が出るように設定しておけば忘れません。

さらにそのアプリの情報が第三者と共有できるものなら、なお良いですね。

いつか道場が大きくなって事務員を雇うことがあるかもしれません。その時のために、手軽に共有できるツールが欲しいものです。そして、プレゼントといっても粗品のようなコストのかかるものではなく、昇級審査1000円割引券などといったものはいかがでしょうか？

昇級審査を受講してもらうことで月謝以外の増収を見込むことができます。こうしたフォローの積み重ねも、顧客満足度を上げることになります。

値上げとセットで行うようにしましょう。

値上げを考慮することも大切ではありますが、アイドリングタイムを見直してみることも必要かもしれません。道場を使用していない時間はないか、タイムスケジュールを見直し、レッスン枠の増設や、外部講師を招いての特別クラス開講もよいでしょう。

また、例えば4600円から6000円に増額することなどに抵抗のある方は、週に通える上限値を減らすことも実質的な値上げとなるでしょう。私の名古屋本部も、今まで4600円で週3回通えたところを、週1回へと減らすことと致しました。また、今まで通り、または今まで以上に通いたいという方のために、通い放題プラン6000円も準備致しました。これにより、数字の印象は変わらなくても、実質的な値上げに成功し、増収と共に、時間に対する価値を生み出すことに成功しました。子供教室では、その1回を大切に思うようになり、稽古に対する集中力や、指導に対する聞き取り力が向上したことはいうまでもありません。安い方がいいというのは、競合に対して通用するキーワードではありますが、すでに内側にいる人間に対しては意外と効果の薄いものとも言えます。

2 生徒を辞めさせないために！ 根性論より新鮮味のある指導を！

武道の世界は何よりも基本が大切。何年も何年も同じ動作を繰り返し、一つの技術を昇華していく。やがて無駄な動きは削ぎ落とされ、研ぎ澄まされた技はまさに別次元の生き物のよう。その動きは、相手が技の発動に気付かないくらいに自然で美しいものです。

全ては基本の中にあります。それが武道を実践する者なら誰もが描く理想であり、常識的感覚として持っています。

私はその理想は大切だという信条があります。そこを失くしてしまえば、もはや〝道〟はなくなってしまうのではないかと私は思い、〝武道〟が武道でなくなってしまうような気がするのです。

しかし、だからと言って、その感覚を生徒全員が持てるかといえば話は別です。特に子供生徒を抱える道場長は実感できるかと思いますが、技の動きを覚えただけで「できた」と思い込んでしまうことが多くありました。

指導者として「できた」という感覚を持たせてあげたい。しかし、武道家としては「できた気になってはいかん」という葛藤があります。分かって頂けることかと思います。

実はここ！　ここにこそ、生徒が諦めて退会を考えてしまう落とし穴があるのです。

「できた」という感覚を持たせてあげたいという方針をとるとなると、技の形が昇華されていなくても「上手くなったね」と褒めなければなりません。そうすると生徒によっては勘違いしてしまって、「この技はクリアしたから練習はもういい。他のことをやりたい」とゲームのステージ感覚で考えてしまう子が多いんです。

私の道場でいえば、空手ですから、その場基本、移動基本、型…と何度も同じ練習を繰り返します。特に型など先人より伝わる稽古は、これでもかというほど繰り返します。すると子供達は飽きて、空手はつまらないと考えてしまうのですよね。

反対に「できた気になるな」という姿勢で臨むと、生徒は「自分は向いていない」と簡単に答えを出したり、「何度も同じことをやらされる」とスパルタ指導のように捉えてしまったりと色々な問題も出てきます。

要は私でいえば、「空手といえば、毎日、これ、これ、これをやる！」というような根性論的感覚では、生徒はすぐに辞めてしまうのです。

「では、指導者は自身の武道観を曲げて生徒に接しろということか？」と尋ねられるでしょうが、決してそうではありません。

武道観を曲げてしまったら、自分で自分の道場を開いた意味がありませんから。かといって、武道はこういうものだ！と、そもそもが「これで飯が食いたい」と思ってやっている自分と、生徒のモチベーションは違うわけですから、自分が過去にこう練習してきたから生徒にも同じ練習をさせるというのはいただけません。

釈迦（ゴッダマ・シッダルダ）はこう言いました。

「私の指そのものを見るな。指の指し示す方を見よ。」

指導者は指そのものを見せてはなりません。自分がこういう苦労をしてきたから、自分がこういう努力をしてきたからといって、生徒に同じ体験をさせてはなりません。

その経験を乗り越え強くなれたのは、あなただからであって、生徒はあなたと違います。あなたの経験はあなただけのものであって、決して、他人が追体験できるものではないのです。

だから、私の提案は以下の二つです。

- **理想の武道観を伝える。**
- **練習を日毎に変化させる。**

順を追って説明していきましょう。

▼理想の武道観を伝える

武道とはこういうものだ！という理想があなたにも必ずあるはずです。その理想を道場生は共有していますか？　あなたは、その理想を道場生に伝えきれていますか？

会報誌（ニュースレター）などの文章でもよいですが、我々、道場経営者にはもっと有効な魔法のツールがあることをお忘れですか？

そう。

道場訓です。

あなたの理想を反映させた道場訓を作り、それを大きな声で練習前、練習後の両方で読み上げさせる。

あなたの道場が何かしらの組織の支部道場でしたら、支部道場独自の〝憲章〟や〝先生との約束事〟といった形で、道場訓とは別に考え、練習前でのみ読み上げるという形でも構いません。

大企業や発展目覚ましい中小企業では、創業者や社長の理念を社員全員が共有できるようにするため、朝礼などで声を揃えて社訓を読み上げます。これがない会社は絶対といっていいほど、成長する企業にはなりません。

こうした読み上げをすることによって、「よし！今から稽古だ！」と気持ちを高め、日常生活と稽古とのメリハリを付ける効果もあります。

私の道場では、稽古前に憲章を読み上げ、稽古後に道場訓を読み上げるという方法をとっています。

武禅館教育憲章
第一条（目的）
稽古修行を通じ、人格形成を目指す。
第二条（心構え）
道場訓を理解し、礼節、倫理を身につける。
第三条（稽古）
師の教えを守り、心技体向上を目指す。
第四条（競技）
勝ちを誇らず、負けに挫けず、品格を以て臨む。
第五条（稽古場）
礼と規律を守り、清潔、安全を心がける。
第六条（仲間）
自分本位にならず、感謝の心を養う。

私の道場、武禅館ではこの武禅館教育憲章を稽古前に子供から大人まで、全員が読み上げています。

ここでは〝武道家としての振舞いとは何か〟を具体的な文章で書き表しています。

これを読み上げることによって「私はこのように振る舞います」と宣言することにもなりますし、心理学でいうところの自己成就予言にもなって「私は武道家である」という人格を育てるきっかけにもなり、振舞い方が大きく変わります。

生徒自身の武道に対する理想像が、指導者自身と近づいていけば、日々の練習に意味を感じられるようになり、モチベーションも上がり、稽古の質も向上していきます。

私の武禅館も開設から8年目を迎えるまで、こうした憲章の読み上げを一切行っておらず、礼儀などの振舞い方や言動に問題がある子に手を焼いていました。

しかし、ある日、心理学本を手にする機会があって閃くことがあり、この憲章を毎稽古時に読み上げるようになることで問題児も大きく性格が変わりました。

そして、稽古後に道場理念、道場訓を読み上げています。

道場訓

武は手を以て空を知る道なり。

道場生でない人が読むと何やら難しい文章かもしれません。かなり哲学的な文章にしていますので、理解が難しいのかと思います。

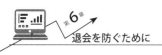

私の道場では常にこれを稽古後に読み上げると共に、稽古中やセミナーなど別時間枠を設けて、この道場訓の込められた理念、哲学を理解してもらっています。

この道場訓について考えるキッカケさえ与えることができれば、「武道って奥深いんだな」という感想を与えることができます。そうした感想を与えることができれば、〝技を昇華させる〟という考え方の土壌を作ったようなものです。

道場訓は武道を、ただの格闘競技や、ただの体操教室の一環として終わらせないための魔法のツールなんです。

このように抽象的、哲学的にすべきというわけではありません。あなたの武道理念が反映されていれば、どのような文章でも問題ありません。もちろん、あなたが支部道場責任者で、既に本部から道場訓を用意されているのなら、決して読み上げを怠らないようにしてください。

これが私からの提案一つ目です。

▼練習を日毎に変化させる

来る日も来る日も同じメニューの稽古。

私の話で言えば、空手。一般的な空手道場でいえば、その場基本、移動基本、型、組手…と決まったメニューをひたすら順番通り淡々とこなす。これが当たり前です。しかし、この当たり前の空手道場の稽古スタイルが飽きられやすい要因の一つです。

稽古メニューに変化を与えないと生徒達は飽きてしまい、武道はつまらないものとされてしまいます。つまらないことに耐える修行と思われてしまっては癪です。

そこで私からの提案二つ目。

一つ一つの稽古方法を10分にまとめ、それをA、B、C、D…とタスク化し、目的と必要に応じて、一日の稽古メニューを毎時決定する。

その10パターンほどタスクを用意して、その中から一日に5つ選択する。そうすれば、1時間で5種類の稽古メニューをこなすことができ、充実した稽古になります。

例えば、私の道場でいえば以下の通りに、稽古メニューをタスク分けしています。門外不出の秘密の稽古法もあり、また量が膨大になってしまうので、完全には書けませんが、公開可能なタスクだけ書きます。

1区分（従来の伝統的稽古法）

A　その場基本
B　移動基本
C　型
D　約束組手
E　かかり稽古
F　組手

2区分（オリジナル稽古法）

A　対練
B　修身
C　複数組手

D　捕手

E　制限組手

F　整身

3区分（他より学んだ稽古法）

A　立禅

B　ミットトレーニング

C　サンドバッグトレーニング

D　推手

4区分（体力トレーニング）

A　ラダートレーニング

B　コーンステッピング

C　サークルステップ

D　ラインステップ

E　サーキットトレーニング

F　スロートレーニング

こうしたタスク分けした稽古を、日の目的によって組み合わせを変えます。

例えば、「技の精度を向上させたい」という目的がある時などは、このように変えます。

もちろん、順番に決まりもなく自由です。

【技の精度向上を目指した組み合わせ】

3—A　立禅

2—F　整身

1—B　移動基本

1—C　型

1—D　約束組手

他にも試合が近く、生徒が焦りを見せているようでしたら、体力的自信を付けて気持ちを落ち着かせるためにも、このような組み合わせをします。

【体力的自信をつけさせる組み合わせ】

1—A　その場基本

2—A　ラダートレーニング

3—B　ミットトレーニング

1－E　かかり稽古

1－F　組手

こうしたタスク分けをして、目的に合わせてメニューを選択することは生徒のマンネリ化を防ぐだけではありません。人間の技術精度向上を果たすためにも、様々な運動経験を積むことで、運動神経シナプスの数が増えるといいます。

そうして神経シナプス数を増やした状態で練習に臨むことで、脳や体がより有効で無駄のない身体操作を選択することができるという科学的根拠にも基づいています。

私の道場である武禅館はイジメなどの問題を抱えている子が多数います。一概には言えませんが、イジメを受けていた経験のある人は、運動が苦手であるケースが多くあります。

そんな生徒達でも、自然と大会でそれなりの実績を取れるほど強くなれるのには、こうした稽古メニューに背景があるのです。

正直、「え！　ここまで書いていいの!?」ってことまで、私は書いています。

以前、講演で日本のフィギュアスケートの指導と、海外の指導との違いを説明していました。日本の指導はプログラム（一曲の振り付け）全体を毎日のようにひたすら繰り返して精度を上げる。海外ではプログラムを細分化し、一つの流れが確実にできるようになってから、次の流れに進むことを繰り返してプログラムを完成させるそうです。全体を通してのトレーニングですと、どうしても生徒個々人の集中力に依存してしまう指導になってしまいます。比較的、集中力に自信のないところから空手を始めた武禅館の子供達には、後者の方が向いているようです。

私は「最近の子は…」という言い方は好きではないのですが、やはり遊びの選択肢が増えた昨今では、子供の興味は移ろいやすく、たとえ、空手を好きで始めたとしても、集中力を保つことができないのが現状です。毎日、同じような稽古ばかりでは子供だけでなく、大人も飽きてしまうのが現状でしょう。「面白い」という感覚を常に提供できていれば、生徒達も引っ越しなど物理的理由がない限りは退会しません。

3 「面白い」をコントロールする

先生方は「武道は面白い」という感覚を忘れてはいませんか？

武道指導を生業とし、大勢の子供達を指導し、将来の指導者となり得る有望な若者を指導していると、どうしても〝厳しさ〟だけにフォーカスしてしまいがちです。この世界は甘くない、強くなるには辛く厳しい試練を乗り越えなければならない、そんな思いばかりが先行して、生徒達に〝試練〟ばかり提供してしまう。そんな指導者は多いものです。私自身も過去はそうでした。

「這えば立て、立てば歩めの親心」という諺のように、生徒が一つできれば、また次、また次とどんどん教えることが楽しくなり、大物に育つのではないかと期待してしまう。特に競技化された武道に携わる指導者ほど、生徒にそのような思いを抱く人は多いものです。そして、実際にある程度のラインまで生徒は実績を上げても、「俺の時代はこうだった」と自分の乗り越えてきた厳しさを参考に指導してしまいがち。しかし、厳しさのあまり、あと一歩のところで挫折してしまう。

そして、指導者は、また新たに育った才能溢れる生徒に期待を馳せる。しかし、その生徒は、過去に実績を上げた生徒とは性格的にも身体的にもタイプが違うので、スムーズな習得ができない。そして指導者は「あいつは、この時こうだった」と過去の事例を参考に厳しくしてしまいがちです。

そこまではいかずとも、「武道とはこうだ」と厳しさばかりを例に挙げて話し、「道とは厳しさを乗り越えるもの」と無意識的に思っていませんか？

本書では〝道とは何か〟を論ずることはしませんが、少なくとも、今自分自身が武道を指導している立場になっている根本的理由は「武道が好きだから」、もとい「武道が面白いから」ではないでしょうか。

私はもっともっと、「武道のここが楽しいんだよ」とか「武道ってこんなとこが面白いんだよ」ってところを提供すべきだと思うのです。面白いはやがて好きのキッカケとなります。辛いことだらけ、苦

しいことだけでは、中々〝好き〟に繋がりません。

稽古をしたくないという子供に対して、「我慢してとにかく稽古しろ」という取っかかりは理解できますが、フォローとして「我慢すれば将来役に立つ」というという教え諭すやり方は、子供達にただ「苦しい」という感覚しか与えません。

結局、それればかりでは挫折してしまって乗り越えるべき試練も乗り越えられず、中途半端な教育として終わってしまいます。それでは何の意味もありません。子供に「乗り越えた」という感覚を与えないうちは、子供の将来には何の役も立ちません。

では、どうすれば生徒達に「面白い」を提供できるのでしょうか？

一番は指導者自身が日々の修行の成果を、道場生達に嬉々として見せ、話すことだと思うのですが、口下手な経営者もいます。会話のスキルも必要です。手軽な対策とはいえません。

私は二つの方法を提案します。

・**自身の武道の関連雑誌をいつでも読めるように置く**
・**テレビモニターで大会DVDなどを垂れ流しにする**

ちょっと語弊のある言い方をあえてしますが、布教活動が大切です。

武道の素晴らしさを道場生達に伝えるには、自分自身の力だけでは確実に限界があります。そもそも既に全国区に道場を広げているような人ならば、そのような力を持ち合わせているでしょうが、私達のような中小規模、個人規模での道場長には、まだそのような力を持ち合わせていないことは、結果を見る限り明白です。そのような場合は、武道の素晴らしさを伝えることに尽力しているメディアに頼りましょう。

雑誌にも様々あります。伝統系の空手ならば『JK~Fan』、古流武術系ならば『月刊秘伝』などなど、様々な魅力ある雑誌があります。大抵の指導者ならば、自身に関連する武道雑誌などは愛読しているかと思いますが、個人で楽しむだけではもったいないです。ぜひ、道場生達ともその楽しみを共有してください。

私の武禅館では、稽古の休憩時間中に自由に武道系雑誌などを読めるように置いています。実際に置いてみて思うのですが、子供達ほどより大きく興味を示します。

私などは空手と総合格闘技を生業としているわけですから、やはり有名選手でいえばRIZINで活躍する堀口恭司選手や、UFCやベラトールなどで活躍するリョート・マチダ選手などがモデルケースといいますか、最も参考にすべき存在なわけです。しかも、超有名どころなわけですから、総合格闘技だけでなく、伝統空手を学んでいるなら、間違いなくヒーロー的存在なわけです。しかし、うちの道場の子供達に意気揚々と「昨日の試合はすごかったなぁ！」と話を振っても、「え？試合なんて見てない」だとか、「野球を見てた」とかいう始末なんです。今執筆していて、もう過ぎたことなのに悔しい思いに駆られますが（笑）、このままでは私はだめだと感じたわけです。そこで私は雑誌の力に頼りました。

子供を指導する指導者の中には休憩中に水分補給以外のことをするのに抵抗がある人もいるでしょうが、これも素晴らしい指導の一つだと思います。なぜなら、子供達に〝好き〟のキッカケを与えられるからです。私の武禅館は伝統空手と総合格闘技に取り組んでおり、古流武術の流れも汲んでいるので、『JＫ～Ｆａｎ』、『ＧＯＮＧ』、『月刊秘伝』を置いてあります。

また道場にテレビモニターなどを設置し、大会のＤＶＤなどを垂れ流し状態にするのも効果的です。空手など武道を学んでいる以上は、動きの良し悪しはある程度、理解できます。これが日本レベル、世界レベルの大会ＤＶＤを道場で常に流している状態にすれば、常にモデルケースを目にすることができ、理想像や目指すべき姿をイメージしやすくなるのです。どうすれば大会で勝てるのか、どうすれば昇段審査で合格できるのかを自発的に情報を収集する癖がつくようになるのです。

「面白さ」というのは教えられたことを実践するだけでは得られません。自らの力で考え、自らの力で試し、結果を得てこそ、人は楽しいと心の底から思えるようになるのです。教えられて楽しいのは始めの数ヶ月の間だけ。後はただ惰性の日々です。

教育的にもいい戦略だと思いませんか?

4 生徒とあなたを守る! 怪我予防の知識!

あなたは健康の知識はどれだけもっていますか?

武道というのは、正直言って「怪我は付き物」という言葉を金言にして、怪我の予防を全くしないような傾向もあります。

私は様々な武道、格闘技を経験しましたが、大小問わず様々な怪我も同時に経験しました。打撲はもちろん、胸骨や肋骨などの骨折、膝靭帯損傷、右手首の腱鞘炎、目に突きを受けての網膜剥離、肘のねずみ、結婚式直前に蹴りを受けそこなって左薬指を骨折し指輪交換がなしになることもありました。今ではこれは笑い話になりましたが、妻側からすればたまったものではなかったでしょうね。

私も自分自身に対しては、「まぁ空手をやっているのだから、怪我は付き物ですよ」と言って誤魔化してしまっているところがあります。強くなるためには、必ず通る道なんだと。

しかし、自分の体だからこそ如実に感じているのですが、修復不可能な怪我ももちろんあります。特に網膜剥離などで手術した目は、もう視力は戻りませんし、靭帯を損傷した膝では怪我以前の蹴りは出せません。何度も折った胸骨や肋骨は少し触るだけでも痛い。明らかに不健康だなと自分でも思います。

ちょっと触るだけでも痛い状態で本当に強いと言えるのでしょうか。

言えないのではないかと、私は考え始めました。それにはキッカケがあります。

以前、武術研究家の甲野善紀先生の講座に足しげく通っていた時がありました。甲野先生は「自分の動きで体を痛めていては、技と呼べない」と仰っていました。たしかにその通りだとハッとしました。

空手は武術。そもそもは戦場で、護身の場で、敵を倒し、身を護るために培われた技術。一対一で競技場の上で戦うために作られた技術ではありません。そうした原則を考えていたら、空手で怪我をすることが非常に恥ずかしくなってきて、「あぁ、自分はなんて甘かったんだ」と身に沁みました。

そもそも、生徒自身も「よし!空手で怪我をするぞ!」と思って入門してくる人は一人もいません。誰だって怪我をしたくないはずです。武道で飯を食いたいと思っているわけではない人なら尚更、「怪我は当たり前」なんて思わないでしょう。にも関わらず、指導者は「怪我は当たり前」と思っている。そこのズレがあるからこそ、怪我予防や対策は十分とは言い切れないのです。

そもそも武道はオシャレな世界ではありません。

怪我の危険があってもスノーボードなどをレジャーとして若者が楽しむのは、ファッションスポーツというイメージが確立されているからです。道着を着てエィッ!とやっている武道の世界は、とてもファッショナブルとは呼べず、若者がこぞって集まるような場所ではないのですから、怪我の危険があると言ったら人は集まりません。

誰もが気軽に取り組める。だけど奥が深い。

これが今後の武道人口を増やし、あなたの道場の集客の助ける鍵になると思います。

怪我のない道場というだけでも、「武道=怪我がある」と思われている時代だからこそ、キャッチコピーとして大きな強みとなるのではないかと思うのです。

あなたの行っている武道でしたら、どんな怪我の危険性がありますか?

私の道場は空手なので、以下の危険があります。

- 打撲
- 骨折
- 靭帯損傷
- 急性くも膜下出血
- 脳挫傷
- 内臓破裂
- 心臓震盪

・**網膜剥離**

…など多数があげられます。

中には命に関わるような重大な怪我があります。そもそも人の命を奪うことから始まった技術ですから、こうした危険があるのは当然とも言えますが、武の世界って冷静に見ると怖いですよね。

あなたは、これらの怪我についてどう対策をしていますか？

度々、空手の話ばかりになって申し訳ありません。フルコンタクト系空手の道場によっては既に心臓震盪予防のため、強化プラスチック入りのインナーベストを着用して稽古を行っている道場もあります。

私自身、フルコンタクト系の空手道場は3流派ほど渡り歩きましたが、また出稽古でも様々な流派にお邪魔しましたが、その対策が取られている道場は少ないものです。

また、全空連系の空手の道場では、私は2流派ほど入門させて頂きましたが、やはりどこもボディプロテクターをして、拳や足のサポーターをしっかりつけています。

時にはメンホー（顔面、頭部を守る、ノンコンタクト空手用の防具）を付けて稽古することもあり、尚且つノンコンタクトが基本ですから、安全性は抜群です。昭和時代には素面で当て込むことが多かったと聞きますので、私の先輩や道場生でも昭和中期、後期から学んでみえた50代、60代の道場生の方からは、前歯なんて折って折れては当たり前と聞きましたので、今では想像もつきませんが、この安全性の追求こそが五輪競技として採用された理由の一つでもあると思います。

合気道の道場にいた頃は、例えば四方投げを決めるときに、極めたまま投げてしまうと相手が後頭部を打ち付けてしまうから、必ず手を放して投げることと教わりました。

四方投げ

柔道を学んでいたときは、必ず引手をとって、相手が頭を打ち付けないようにフォローすることはもちろん、入門して数カ月は受け身をマスターすることを絶対としていました。

ボクシングやキックボクシングを学んだ時でも、基本動作はもちろん、マススパー（寸止め）でのスパーリングで充分な技術レベルに達していない場合は、スパーリングの許可はおりませんでした。

思えば、その武道独自の安全対策というものがあったと思います。

しかし、それでも怪我が絶えないというのは現実で、「怪我は付き物」と諦めてしまっているのが現状です。

まだまだ安全対策を講じることはできます。

ぜひ、次ページの表をコピーして稽古指導中などに記入してみてください。

これは主に工場などでよく使われているヒヤリ

事故、事案ヒヤリハット

<table>
<tr><td>記入者名</td><td colspan="2"></td><td>記入日</td><td></td></tr>
<tr><td>道場名</td><td></td><td colspan="2" rowspan="2">場所または場面</td><td rowspan="2"></td></tr>
<tr><td>時間帯</td><td></td></tr>
<tr><td>種別</td><td colspan="4">怪我・暴力・暴言・いじめの種・マナー違反・盗難</td></tr>
<tr><td colspan="5">どのような状況か</td></tr>
<tr><td colspan="5"></td></tr>
<tr><td colspan="5">どのような対策を行なったか</td></tr>
<tr><td colspan="5"></td></tr>
</table>

※記入例

<table>
<tr><td>記入者名</td><td colspan="2">小池一也</td><td>記入日</td><td>令和２年12月１日</td></tr>
<tr><td>道場名</td><td>武禅館名古屋本部</td><td colspan="2" rowspan="2">場所または場面</td><td rowspan="2">稽古スペースの全窓。</td></tr>
<tr><td>時間帯</td><td>常時</td></tr>
<tr><td>種別</td><td colspan="4">怪我・暴力・暴言・いじめの種・マナー違反・盗難</td></tr>
<tr><td colspan="5">どのような状況か</td></tr>
<tr><td colspan="5">生徒同士の組手レベルが向上し、技が決まって押し込まれた際、窓に衝突する危険がある。また、コロナ予防で換気をしているため、小さな子供は窓から転落する危険がある。（道場はビル３階） </td></tr>
<tr><td colspan="5">どのような対策を行なったか</td></tr>
<tr><td colspan="5">小学校低学年ほどの身長程度の高さに、転落防止策として木枠を２つ取り付けた。材質は耐久性に富むひのき。 </td></tr>
</table>

総合空手道武禅館　館長作成

記入	確認	承認

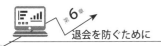

ハットというものを、私が武道版にアレンジしたものです。

「ふぅ…危なかったぁ」とヒヤリとしたことや、「うわっ！危ない！」とハッとしたことを忘れず、書き留めておいて、その対策をすぐに考える習慣をつける。そうして安全意識がより高まり、事故防止に繋がるというものです。

私自身、このヒヤリハットを行って、道場も独自性が出て、より安全になりました。元々、私の道場はフルコンタクトを中心に始めた道場でしたが、このヒヤリハットを繰り返すことによって、ノンコンタクトに切り替えた方が、安全性はもちろん武道の原理原則に則ることができると気付きました。

ぜひ、このヒヤリハットを活用して、あなたなりの安全対策、独自性を追求してみてください。ここで導き出された対策だけでも、売り文句になることは間違いありません。

4 生徒に「自分は道場の一員」と思ってもらうために

こうしてサービスが回る仕組み作りをしたら、最後の仕上げがあります。それはイベントの立案です。

まず武道業界で第一に考えられるイベントは、昇級昇段審査だと思います。こうした資格の認定講座は大きな収益源の一つとなります。

そして、他にも思いつく限りイベントを書き出していきます。

・飲み会、食事会、バーベキューなどのお食事イベント

・夏の合宿やクリスマス会などの季節イベント
・大会や昇級昇段審査後の打ち上げ
・技術セミナー

などが考えられます。これらは増益を目的としたものですね。他にも、収益目的とは別に様々なイベントを企画してみるとよいと思います。

例えば、成人でしたら入会者がある毎に懇親会を開催するのもよいです。特に入会したばかりの生徒さんは、まだまだ道場にも不慣れです。それは練習に不慣れだけではなくて、周りと馴染めていないということもあります。

稽古だけでは中々、親密度を高めるというのは難しいものがありますね。周りと馴染めないまま、ずるずると時間だけが経過してしまうと、どうしても退会に繋がっていってしまいます。

私は頑なに武道ばかりをやってきました。

〝武道〟とは修行僧のようなものだという信念の下、ずっと稽古ばかりをしてきたのでインドア派になってしまいます。アウトドアなことはどうも思いつきませんでした。バーベキューをやったり、飲み会を企画したり…なんてことには結構疎かったものが多いです。ただ、自分自身のこの感覚とは違って、武道の世界にいる人って結構、体育会系な人が多いといいますか、アウトドアな人が多いですね。マイルドヤンキーみたいな人も多くいるのではないかなと思います（笑）。

あなたはどうですか？

こういうアウトドアな企画、得意な方ではないですか？　得意でも、不得意でも、どんどんと開催していきましょう。親密度が高くなれば、生徒はそのコミュニティの一員であるという意識も高くなっていきます。これを心理学ではザイオンス効果というそうです。

ただし、私はほんの少しだけサラリーマンをやった時期があります。会社の飲み会はほとんど行きませんでした。なぜなら、会社の飲み会に参加したところでお金が稼げるわけでもないですし、スキルアップをするわけでもありません。上司、先輩、同僚、後輩と絆を深める親睦の場としての目的もあるのでしょうが、酒の席ごときで培った絆なんて信頼する価値があるのか否か疑い深いもの。私は過去、そう考えていました。

そもそも煩わしいといいますか、せっかくのオフなので、次の日の仕事のためにも、気疲れしないようにしっかりと休みたいというのも本音の一つです。実際に参加してみて、なぜか上司にお酌しなければならない、新人は一芸を披露しなければならないなど、その会社独特の謎ルールがあり、とても場に馴染むことができなかった覚えがあります。

お酌をして欲しいのなら、ホステスさんなどの女性がお酌をしてくれるような店に行けばいいわけです。実際に、私自身はそういうお店に行った経験がないのですが、テレビドラマを見ているとそういうシーンがあるので、そういうものなのでしょう。義務でもないのにお酌を強要するという昭和の風習はうんざりでした。

誰かのグラスが空いていたら、善意で「どうですか？」と確認した上で、お酌をするという気遣いがあるのはいいことですが、そこを上下関係を背景に強要するというのは筋違い、パワハラといっても過言ではありません。

今現代の若い人達は「会社の飲み会＝煩わしい」と考えることが当たり前に近いようです。中には単純に飲み会の雰囲気が好き、または純粋にメンバーが好きで参加する人もいますが、積極的に飲み会に参加する時代は終わりました。

道場の集まりも、昔の会社の飲み会のように共同体独自のルールや、独自のノリがあるのはあまり好ましくありません。とても一般人では馴染めないような、面倒くさいノリがあったら成功はしません。ただ集まって、食事や会話を楽しめばよいのです。そこで親密になって身の上話や夢の話、または悩みなど聞けたらいいじゃないですか。

コミュニティの一員であるという意識を高める方法は、他にもオリジナルロゴマークの作成が必要です。オリジナルロゴマークさえあれば、道場旗、Tシャツなどのオリジナルグッズも作ることができます。もちろん、キーホルダーやタオルなどの作成もできます。

私の武禅館では次ページ写真のようなTシャツを作りました。

こうしたTシャツ作りも物販としての収益が見込めます。当然、会員数が多くなるほど、売れ行きも

伸びていくので、ぜひオリジナルロゴマークの作成は真剣に取り組んで欲しいです。私は自分自身でこだわりを持って作成しましたが、今のご時世、ロゴマーク作成アプリもあるので誰でも簡単に作ることができますので、ぜひ取り組んでみてください。

この道場のロゴ入りTシャツを着てもらうことで、自分は道場の一員であるという実感をより強く持ってもらえるようになります。道場で飾られているマークが、常に自分の身近にある。私は少年時代、極真空手を長く学びましたが、やはりロゴマークの入ったボストンバッグを持っただけで強くなったような気がして、心躍った思い出があります。

道場への帰属意識を高めること。ロゴマークを通しての思いの交流、面と向かっての心の交流。

社会においても強制的な飲み会を通して帰属意識を高

める時代はもう終わるべきですが、人と人との繋がりを求めていこうとするのは人間の本能であり、自然の摂理であると私は思います。私とあの人、あの人達は繋がっているとロゴマーク、もとい、好きなことを誰かと共有している証を身につけているだけで心が暖かくなっていくものです。〝リモート〟という言葉が市民権を得ることになり、これから、ますます時間を共有から、思いの共有へとシフトチェンジしていくでしょう。私達は、すぐにでも共有の定義について見直すことができる土壌を作っておかなければなりません。

第7章

武道に未来あり！

1 何のために規模拡大をするのか明確に

ここからの章でお伝えするのは、個人を卒業して、いわゆる組織化を図るためのノウハウというべきでしょうか。

少し、私の話をさせて頂きます。

私の経営する総合空手道武禅館は2010年に設立しました。それも本業として。道場を始めた1〜2年は道場生の数が0人だったことを思い出します。それからホームページでの集客理論を勉強し、マーケティングを勉強し、講師業のノウハウを勉強し、あらゆる勉強を重ねて、2017年には道場生数も200名を超え、常設道場を構えるに至りました。

大まかに開業時の2010年頃から2013年頃までは、道場生がなかなか集まらずに非常に貧しい時期を過ごしたことが懐かしく思い出されます。

長い時間をかけて一人一人の生徒と向き合ってきたつもりです。時には、夜に保護者さんから泣きながら子供さんに関する相談のお電話を頂いたことも多々あります。

それぞれ、子供達が学校生活や友人関係のことで日々悩んでいるんだなということを実感しながら、何か自分にできることはないかと考えていました。

しかし、考えても、考えても、自分自身が直接的に力になることはできません。

所詮、という言い方をしては何ですが、一介の空手の先生に過ぎないわけですから、学校の先生のように生活を直接変えてしまうような実効的な力はありません。ですが、「私は強さとは何か？」と考えさせることはできます。そして、子供達の価値観を作り上げることができます。そうして、作り上げてきた価値観によって生活習慣は変わり、自己も変化し、悩みも変わっていくもの。そうして、私は皆の力になってきた誇りがあります。

その誇りも積み重ねて、今では口コミでも人が集まり、道場生数は３００名を超え、個人道場が多く散見する名古屋市において一番会員数が多い個人道場へと成長しました。

しかし、こうした成長を遂げることができたのも、子供達の成長のおかげ。そして、悩める子供達が、私の武禅館を見つけてくれるような集客的な仕組みと、安心して通えるような経営的な仕組みがあったからこそだと思います。

ただ、頭の中で「人の役に立ちたい」と考えていても、ただじっと待っているだけでは何もできません。救うべき人が集まらなければ、人を救うことも、人の役に立つこともできないものなのです。

経営者である以上は、経営を頑張ることは責務なのです。

あなたは「武道家が商売なんて」という言葉を吐き捨てる権利はありません。道場を開設した以上、あなたも経営者の一人であるということを自覚して下さい。

そうして、経営を頑張るといずれ限界が来ます。

まずはじめに、一人では限界があるということを知ります。

そして、道場生が増えるに従い、キャパオーバーになり、悩める人達が道場に入門希望で来ても受け入れることができないという限界。

私の総合空手道武禅館も、このような限界に幾度と立たされてきました。

私は2017年頃から以下のような施策を取りました。

・自分の商圏以外に支部道場を作る。
・道場を週6日、23時まで営業とし、稽古時間枠を増やす。
・自分以外の指導者を育て、指導に当たらせる。

この3つを行うことによって、私は規模拡大に成功しました。

確かに収益は拡大しましたが、正直言って苦労の連続でした。むしろ、ここからが本当の経営だったかのように思います。

前章までで述べてきたノウハウなんて、正直、序の口と言いますか、初心者向けのハウツーであると言っても過言でないくらい大変でした。

正直にいえば、規模拡大しなくても、個人経営のままでも裕福な暮らしはできたといいますか、個人のままの方が楽だったなぁという本音もあります。しかし、それを越えても、私は組織化して規模を拡大し、より多くの人を救っていきたいという思いがありました。そして人を救える人を増やし、この日本に住まう人々の価値観を変え、宗教や政治的なドグマを越えた考え方で物事を見渡せる人を育て、世界中を平和にしたいという思いがあります。

その思いを経営理念や道場訓に込めているわけですから、規模を拡大しないと、ただの机上の空論になってしまうではないですか。私は生徒達のためにも、机上の空論で終わらせるわけにはいかないのです。

あなたには規模拡大のために、明確な目的はありますか？

収益拡大のため、利益拡大のためだけなら、ここから先は来ない方がいい。個人経営のままの方がずっと楽ですよ。

2 人事に関する重要な教訓

組織化を図り、規模を拡大する。

そのために必要なのが、自分以外の働く人…武道道場でいえば、いわゆる指導員と呼ばれる人達が必要となってきます。そして一つの道場を成長させ、指導員に任せ、自分は次に新たに開設する別地域の道場を育て、また指導員に任せ…というループを繰り返していく必要があります。そして、また道場を成長させる能力がある指導員も育てていく必要があります。

道場経営者とは現場で指導だけしていればいいわけではありません。

他人に現場を任せる度胸がなく、自分ばかりが出ている経営者のことをプレイングマネージャーと呼んで、一般的な企業では〝よくない例〟として取られています。

組織化して規模拡大したい、だけど、他人に任せるのが怖い。

そんな思いがあるのなら、自分が現場を仕切っていたいのならば、潔く規模拡大は諦めて、個人経営で専念するべきです。

偉そうには言ってはいますが、私自身もこの点は大きく苦労しました。他人に任せるといっても、誰でもいいという訳ではありません。

私は過去、中小企業家同友会で学んだことを即実践しようとしてしまい、とにかく誰でもいいから早く指導員に任せようと息巻いて失敗しました。

本当に自分が信頼できる人間に任せる…ということを怠っていたのです。

2016年、私は自分以外の人間が指導に当たれるように、生徒の中から上級者を3名任命しました。うち2人は当館のホームページを読み込み、理念に共感して入門してきた人。うち1人は、カルチャーセンターの企画体験会の流れで入門してきた人でした。

この時点で、理念を新たに再教育するか、または理念に共感できない場合は、指導員として任命しないという選択をしていればよかったと思います。私は早く規模を拡大するため、その選択を怠ってしまいました。

その人をA君と呼びましょう。A君は自己主張の強いタイプで、ちょっとした変わり者の人間でした。自分が注目されていないと不機嫌になったり、人が褒められている組手（スパーリング）などで初級者に当たり散らし、自分の実力を誇示するという癖がありました。

こういっては何ですが、この武道の世界は、どうも変わり者が集まりやすい傾向があります。社会で認められない人間が、元々腕っぷしには自信があるので、承認欲求を満たすために、殴る蹴るの世界に身を投じるということがあります。

武道が教育であるという性質上、こうした癖を完全に乗り越えた人間に指導を任せるか、そうした傾向のない人間に指導を任せるべきだったのです。

A君は当館の理念を無視し、実力がある人間が偉いというような昭和の風潮で振舞いました。時には、嘘か本当か分かりませんが、若い頃はヤンチャだったと言わんばかりに武勇伝を振りかざし、学生にタバコや酒を勧めようとすることもありました。当館の理念を理解している学生だったので、流されずにきっぱりと断って済んだので事なきを得ましたが、強要は犯罪です。昭和、平成初期にはそうした大人が多かったことは事実ですが、現在では許されません。

そしてA君は根性がない奴は辞めろと持論を振りかざし、新会員を組手で痛めつけ、退会に追い込むという事態を数十件も繰り返していたのです。

当館の指導はほとんどがワンオペで入ることが多く、館長である私自身も、そして他の指導員もそうした問題を直接目撃することはできませんでした。ただ、漠然と「他人に任せたら、妙に退会者が増えたな」という印象だけがあったのです。

気付けば、年間合計で400万円超の損失が発生しました。経営努力で新規入門生を獲得して補填しても前向きな気持ちにはなれません。

指導員全員に伝えましたが、A君だけは当事者意識を持つことがなく、「金なんて俺には関係ねぇ」と愚痴をいう始末でした。

組織化、つまりこうした会社などの集合体で大切なのは、社員全員が当事者意識を持って仕事に当たることです。たとえ、自分が出した損失でなくても、自分にもしかしたら原因があるかもしれない、自分の力でその損失を食い止めることができたかもしれないと、全員が考え仕事に当たることが必要なのです。

この時点で私は再教育を試みましたが、中々、意識改善の余地は見られず、ストレスが溜まり不眠症に陥りました。元々、精神疾患はあり、心療内科に通院していましたが、この件をキッカケに睡眠薬が手放せないようになってしまいました。

また、経営にいよいよ危機感が迫ってきたとき、中小企業家同友会で一般企業を経営なさっている先輩経営者方に相談したところ、「A君は即刻解雇すべきだ」というお答えを頂きました。

一般企業のように見ず知らずの人も面接して雇って…という流れならば、社員に情が移ることなく冷静に見られるでしょうが、私のような道場経営者にとっては指導員は弟子の一人。たしかに従業員としては努力が足りない人間ではありましたが、空手の稽古だけに関しては一所懸命稽古し、実力を伸ばそうとしていた事実もあり、自分が人生を賭けて積み上げてきた〝空手〟を学んでくれていた人間の一人ですから可愛いものです。

２０１６年時点では、私はそのような先輩経営者のアドバイスを頂いても、頑なに解雇はしませんでした。自分の理念をもって、熱心に教育すれば、A君をも改善できると信じていました。

しかし、時が経ち、何度教育しても改善の余地は見られません。空手の腕だけは伸びはしていますが、精神面での成長が見られることはありませんでした。

今になって考えればそれもそのはずで、彼が入門した2013年当初は道場訓の唱和などは稽古の際に行っておらず、精神教育について甘い部分がありました。そうした反省もあって、前章で紹介した道場訓の唱和を行うようになった背景があります。

改善の余地が見られなければ、当然、売上の改善を見込めません。それでも私は、A君を諦めることなく2年近い歳月を過ごしましたが、とうとうリース会社のリース料も滞るようになり、銀行への返済も危うい状況となりました。

何よりも妻子もいるので、このままでは生活が成り立たなくなるほど、A君の悪影響は大きかったのです。

そうした私の苦労をA君には話をしました。そして、それでもA君を諦めない旨も本人に直接伝えることにしました。私としては本音を伝えたことで何かが変わると期待し、安堵しましたが、実際はそんなに甘くはありません。

A君は「自分は何をやっても赦される立場である」と誤認し、横暴さを増長してしまったのです。陰で副館長を名乗り、他の指導員に対する態度も悪化しました。

2017年から常設道場を構え、タイムスケジュールも増え、新しい指導員も任命し、私含め5人で運営する態勢となりました。その中でA君は他指導員に対して嫌がらせを行うようになりました。

指導員同士の練習会で自身が負けそうになるとルールを破って、相手の歯を折るなどの事件が発生しました。これについては示談で解決しましたが、武道を学ぶ者以前に人として絶対にやってはならないことです。また、他の指導員が生徒からの評判が良くなり、尊敬されていると、まるで道場破りのように指導妨害をするなどの嫌がらせを行うようになりました。また、館長である私に対する態度も悪化しました。A君も30代となり、自尊心が増長し、自分だけが尊敬されている状況でないと不機嫌になることが多くなり、それをもみ消すかのように実際に行動に移すようになったのです。

これでは全指導員の努力が無に帰します。いくら「人を見捨てない」という教育方針があるとはいえ、たった一人の横暴のために皆が耐え忍ぶことは間違いです。

また、これからの武道教育は〝我慢を教える〟、〝耐え忍ぶ〟ことを教えるではダメだという信念が私にはあります。現状打破。〝現状を打ち破り、さらなる発展、繁栄をもたらすこと〟を教えることが、これからの武道教育の務めではないかと私は考えています。だから、現状を打破し、皆を護り、更なる発展、繁栄のため、そして彼の今後の人生のため、心を鬼にしてA君の解雇と破門を決めました。2018年5月のことです。彼を成長させてあげられなかったことに後悔と反省が残りましたが、それから私の武禅館はV字回復を続けています。期待に沿うことができなかった過去が私自身の急速な成長をもたらしたことは間違いありませんが、彼も同じように成長していることを切に願っています。

「プレイングマネージャーを卒業する」「従業員に任せる」と一言、二言で言えますが、この武道業界にある者にとって、それは大きな壁です。

今後、あなたが指導員を任命するために、私のような失敗をしないためにも私の教訓をお伝えします。

・まず道場の経営理念、教育理念を定める。
・理念を生徒及び関係者全員に周知徹底する。
・理念を当事者意識として考えられる者を指導員とする。

人を育てるのは小手先の人材教育ではありません。何度、小手先の方法論を駆使しても、変わらない者は決して変わることはありません。

それよりもまず、道場の経営理念、教育理念をしっかりと定めること。

私は開設当初は柱が漠然としており、はっきりしていませんでした。

まず初めに柱をはっきりさせておかなければならないというのが、私の教訓です。

3 武道への潜在的需要は消えない

ここまで本書を読んで頂いた方ならお気付きになるかと思いますが、私の説く道場経営のノウハウは、ど真ん中の正攻法です。正しきを正しきように正しく行う。その正しさが時代の流れで正しさでなくなっ

たのならば、修正しなければなりませんし、この先の未来の正しさとは何かと予測して実行していくことも必要です。

この世界の正しさと、他の世界の正しさは違います。決して、正しさを統一する必要はありませんが、その正しさを知らないことは正しくありません。

このコロナ禍のご時世で経営危機を迎えている道場は多くあるかと思います。緊急事態宣言の際、休業要請が各地方自治体から発令され、スポーツ業にあたる私、武道業界は世の中から不要な存在、迷惑な存在であるかのような感覚を覚えました。

これまで、地域のため、この地域の子供達のため、力を尽くしてきたことは、私も皆さんも同じかと思います。強い虚無感を覚え、不意に涙が流れた瞬間もあったかと思います。

多くの師達が伝えてくれたこの技術がもう必要のない時代がきたようで、自分の存在価値を見失うこともあったかと思います。それくらい私達、武道家にとって、武道の仕事はただの仕事ではないのです。

生き甲斐という言葉とも違う何かがあります。それはある意味で武士が刀を魂と呼んでいたことにも似るのではないかと思っています。

私が、この原稿を書き始めたのは2018年夏のことです。二人目の子供が生まれてすぐに義母が亡くなり、その1週間後には私自身が網膜剥離を悪化させ、手術、入院となった時、病室内でふと何かを残さなければと思い、キーボードを叩いた次第です。企画を書き、出版の話が決まりましたが、原稿の続きを書きながら、自分の武があまりに未熟であることを気付かされた出来事が多くあり、心が折れそうになることがたくさんありました。

2020年2月下旬、新型コロナウイルス感染拡大が起き、月日が経つ毎に、日本は予測もしていない方向へ向かっていきます。私は〝備え〟のある道場経営をしてきました。それは一般企業からしたら、当たり前の手法ばかりだと思います。この時代だからこそ、私の存在は必要なのだと改めて思いました。

BABジャパンの原田さんにも聞かせて頂いたのですが、私のように、このコロナ禍で常設道場2店目を開店するのは非常にレアケースであるということ。私は個人事業主としては、成功している方だと思います。

ここまでやってきて思うのは、やはり危機だからこそチャンスがあるということ。

長い自粛期間には必ず反動があります。6月、7月に過去最高値をマークした消費意欲の向上、デジタル消費の減少など数値の変化もその一つです。私達のような経営者はそうした数値を読み解くことが大切です。数値を読めば、危機的状況にこそ、チャンスが眠っていることが分かります。そのチャンスを揺り起こせるか否かは、その時世に合った正しい経営を行えるか否かにかかっています。

きっと私達は大丈夫だと思います。
長い歴史の中で、武はたくさんのものを乗り越えてきました。
今は私達の番です。
戦って生き延びていきましょう。

著者略歴

小池 一也（こいけ かずや）

1983年生まれ。伝統空手系総合格闘家。日本武術教育振興会 理事長。
総合空手道武禅館 宗家 館長。
和道流空手、剛柔流空手、極真空手、大東流、合気道、鹿島神流剣術、剣道、柔道、弓道、杖道、手裏剣術、意拳、ブラジリアン柔術、ボクシング、キックボクシング、ナイフ術などを学び、数々の経験から総合空手道武禅館を創流。名古屋市に道場を構え、コロナ禍中の2020年に岐阜県多治見市に新道場を開設した。
ビジネスシーンや心の問題などに応用する方法論のセミナーを各地で開催。

装幀：谷中英之
本文デザイン：中島啓子

道場「経営」入門 夢は武道を仕事にする！

2021年2月10日　初版第1刷発行

著　　者　小池 一也
発 行 者　東口 敏郎
発 行 所　株式会社ＢＡＢジャパン
〒151-0073 東京都渋谷区笹塚1-30-11 4・5F
TEL　03-3469-0135　　　FAX　03-3469-0162
URL　http://www.bab.co.jp/
E-mail　shop@bab.co.jp
郵便振替 00140-7-116767
印刷・製本　中央精版印刷株式会社

ISBN978-4-8142-0368-0　C2075

BOOK Collection

極めた真の空手へ!

「沖縄剛柔流空手、中国武術、大東流合気柔術の三源一流でたどり着いた、身体の最終原理」 70代で最も強くなれる! “柔の術理”を含む究極の空手!! あらゆる武道、スポーツ、身体活動に通じる、力まないチカラ「勁力（けいりょく）」の使い方とは。「柔よく剛を制す」東洋身体文化の真髄を知る! 極真空手、草創期の猛者にして、他武術も究め続けた唯一無二の武術家、西田幸夫師範が「空手」の知られざる深奥を紹介!!

●西田幸夫 著 ●四六判 ●216頁 ●本体1,500円+税

本当に通用する“柔らかさ”とは?

柔らかい空手

水のごとき“柔らかさ”! 水風船のごとき全身連動!! すべての格闘技、武術が欲しがった“究極”! 最高速と最大威力を同時に実現する新たな“柔らかさ”の境地!! 柔誰もが求めていた。そして、なかなか届かなかった空手がここにある。体内の凝縮回転力を使う画期的身体操法! 小さくとも鋭く、威力を生む新たな空手・格闘メソッド!!

●富樫宜弘 著 ●A5判 ●160頁 ●本体1,600円+税

剛柔流で解く! 首里手・泊手のナイハンチ

沖縄空手の超接近技法

伝説の実戦名人・本部朝基の型動作から、“本来”の戦術を学ぶ!! 沖縄空手では、首里手・泊手は遠間を得意とし、那覇手(剛柔流)は近間を得意とするといわれてきた。しかし実戦を想定すれば、すべて接近戦だった! オリンピック採用が決まり、今注目の空手。スポーツとは違う、古伝の武術技法とは!?

●佐藤哲治 著 ●四六判 ●200頁 ●本体1,500円+税

天才空手家が遺した〝打たせず打つ〟術理

芦原英幸 サバキの真髄

あらゆる武道で使える、華麗な捌き。ケンカ十段による技法の完成形! 初期の極真空手で、実力、人気共に傑出していた芦原英幸（1944～1995）。最適な位置取りと崩し技で相手をコントロールする、独自の技法体系「サバキ」を確立した。今なお異彩を放つ、至高の理合いを学ぶ。付録◎特別公開 芦原英幸の直筆ノート

●松宮康生 著 ●A5判 ●204頁 ●本体1,800円+税

沖縄古伝 剛柔流拳法で解く!

空手の不思議

「これで本当に戦えるの? 不合理に見える空手の基本技。その真の凄さとは!」 本来は…上段正拳突きは存在しない? 蹴りは関節技として使う? 沖縄で発祥し、武術として伝承された空手。しかし、本土に伝わる際に多くの技の意味が誤解され、本来の技が失われてしまった! 上級者でも空手の見方がガラリと変わる!! “目からウロコ”の真実!

●佐藤哲治 著 ●四六判 ●236頁 ●本体1,500円+税

BOOK Collection

骨と骨をつなぐ要点に、効果的アプローチ!

靭帯療法

誰も言わなかった「靭帯」の大切さ。それは骨格と筋肉を整えるための要所だった! 無理な圧力を加えることなく、靭帯を適度に伸ばして動かす繊細なテクニックで、身体の動きを最大限に引き出します。スポーツ、ダンス等あらゆる身体動作が向上します。全身の関節に存在する“動きの要”に着目した今までにない手技です。

●中山隆嗣 著　●四六判　●240頁　●本体1,500円+税

古式腱引き療法の人体治癒コンセプト

即効回復のための「ケガ学入門」

なぜケガをするのか? なぜ、治らないのか? 早く治すには、どうすればいいのか? 古式腱引き療法に伝わる、人体の回復力を最大限発揮させる秘伝コンセプト! 古流武術からの「腱引き」の即時に回復させる必然性と技は、稀有な探求、発想力と鋭い感性の達人により研磨され、独自の理論が付加されて現代に蘇りました。

●小口昭宣 著　●四六判　●204頁　●本体1,500円+税

身体中心の意識が、秘めた能力を引き出す

丹田を作る!丹田を使う!

武道、スポーツ、芸道、メンタルに効果絶大! 古来より伝わる能力開発の到達点! 丹田を極める者は、すべてを極める! ヘソ下3寸、下腹の中にある丹田は古くから日本で重視されてきた。頭（脳）偏重で混迷を極める現代、肚（ハラ）に意識を沈め、自然摂理にしたがった叡知を呼び覚ます。

●吉田始史 著　●四六判　●176頁　●本体1,400円+税

剣道家・久保昭の清廉なる武道人生

人間と剣の哲学的思考

何が日本刀を､ここまで“高性能”にしたのか!? 世界に誇る日本刀の“性能”の秘密! こんなにも細身で薄く美しい姿で､なぜこんなにもよく斬れ、折れも曲がりもしないのか? 新日本刀、振武刀、満鉄刀、群水刀、斬鉄剣…… 鑑賞刀剣だけが刀にあらず! 日本刀の“性能”を巡る、知られざる珠玉のドラマ!

●大田学 著　●四六判　●196頁　●本体1,600円+税

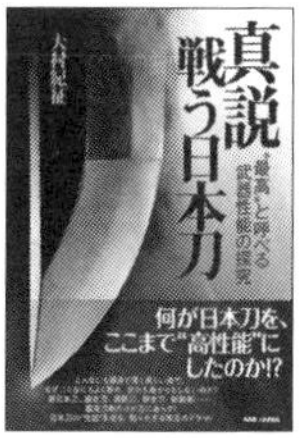

“最高”と呼べる武器性能の探究

真説 戦う日本刀

今、現代人に元気と勇気を与える、剣道家としての生き方を貫く男の哲学。君が手に入れた“勝ち”は、相手の“負け”によって在る。それを決して忘れてはならない。名門久明館道場 久保昭館長が貫く“人を創る剣道”とは? 剣道界に、教育に、多大な貢献を為した“レジェンド”の人生をたどりつつ浮き彫りにする、“真の武道家”の生き方!

●大村紀征 著　●A5判　●248頁　●本体1,800円+税

MAGAZINE Collection

武道・武術の秘伝に迫る本物を求める入門者、稽古者、研究者のための専門誌

月刊 秘伝 monthly

古の時代より伝わる「身体の叡智」を今に伝える、最古で最新の武道・武術専門誌。柔術、剣術、居合、武器術をはじめ、合気武道、剣道、柔道、空手などの現代武道、さらには世界の古武術から護身術、療術にいたるまで、多彩な身体技法と身体情報を網羅。毎月14日発売（月刊誌）

A4 変形判　146 頁　定価 1,000 円（税込）
定期購読料 12,000 円

月刊『秘伝』オフィシャルサイト

古今東西の武道・武術・身体術理を追求する方のための総合情報サイト

web秘伝

http://webhiden.jp

秘伝　検索

武道・武術を始めたい方、上達したい方、そのための情報を知りたい方、健康になりたい、そして強くなりたい方など、身体文化を愛されるすべての方々の様々な要求に応えるコンテンツを随時更新していきます!!

秘伝トピックス

WEB秘伝オリジナル記事、写真や動画も交えて武道武術をさらに探求するコーナー。

フォトギャラリー

月刊『秘伝』取材時に撮影した達人の瞬間を写真・動画で公開!

達人・名人・秘伝の師範たち

月刊『秘伝』を彩る達人・名人・秘伝の師範たちのプロフィールを紹介するコーナー。

秘伝アーカイブ

月刊『秘伝』バックナンバーの貴重な記事がWEBで復活。編集部おすすめ記事満載。

情報募集中！カンタン登録！

道場ガイド

全国700以上の道場から、地域別、カテゴリー別、団体別に検索!!

情報募集中！カンタン登録！

行事ガイド

全国津々浦々で開催されている演武会や大会、イベント、セミナー情報を紹介。